W0338248

Karlos Arguiñano

COMER SANO Y CON FUNDAMENTO

Colaboradores de la Fundación Grande Covián

Francisco Pérez Jiménez
Catedrático de Medicina Interna
(Hospital Universitario Reina Sofía, Córdoba)

Pedro Castro Cobos
Experto en nutrición

José López Miranda
Jefe de Servicio de Medicina Interna
(Hospital Alto Guadalquivir, Andujar)

bainet media

Primera edición: Junio 2004

Edición: Bainet Media S.A.
Texto: Karlos Arguiñano
Fotografías: Mikel Alonso
Cubierta y diseño interior: Suministros de Imagen
Fotocomposición: Suministros de Imagen
Fotomecánica: Grafo S.A.

Quedan rigurosamente prohibidas, sin la autorización escrita de los titulares del copyright, bajo las sanciones establecidas en las leyes, la reproducción total o parcial de esta obra por cualquier medio o procedimiento, comprendidos en la reprografía y el tratamiento informático, y la distribución de ejemplares de ella mediante alquiler o préstamo.

© Karlos Arguiñano
© De la introducción y análisis dietéticos y nutricionales Fundación Grande Covián.
© De esta edición, Bainet Media S.A.
Uribitarte, 18 – 48001 Bilbao

I.S.B.N.: 84-96177-08-4
Deposito legal: BI- 963-04
Impreso y encuadernado en Grafo S.A.
Impreso en España (Printed in Spain)

Sumario

COMER SANO Y CON FUNDAMENTO
Karlos Arguiñano

La labor social del cocinero es mejorar la alimentación de la sociedad en que le ha tocado vivir y hacer que los que disfrutan de nuestra cocina gocen de forma saludable; en definitiva, hacer la vida más divertida con nuestras recetas.
Con este libro pretendo demostrar que disfrutar comiendo, y al mismo tiempo cuidar la salud, es posible. Una receta sana es doblemente saludable si está rica, porque cuidarse a la hora de comer no tiene por qué ser aburrido.
Somos lo que comemos, y por tanto debemos preocuparnos por saber cómo nos alimentamos. Conocer exactamente las propiedades nutricionales y dietéticas de las recetas, saber qué productos nos convienen más o menos.
Eso es comer sano y con fundamento.
Para cubrir estos objetivos he contado con la inestimable colaboración de varios especialistas de la Fundación Grande Covián dedicados a la investigación y popularización de la buena alimentación. Ellos se han encargado del análisis de mis recetas y de aconsejar sobre su mejor utilización.
En este libro encontrarás una selección de platos que son apropiados para personas que tienen que cuidar su alimentación por diferentes problemas de salud o bien por prevención.
Estoy seguro de que con estas recetas gozarás de los placeres de la cocina pero de forma saludable y con mucho fundamento.

Karlos Arguiñano

Una alimentación adecuada presta más ayuda a la salud que cualquier otra medida, pues no sólo tiene valor preventivo sino que contribuye al control de diversas enfermedades. Ejemplo de ello es la importancia de ciertos nutrientes en la presencia de los factores de riesgo cardiovascular, como la obesidad, la hipertensión, la diabetes o la elevación del colesterol, auténticos problemas de salud pública en las poblaciones occidentales. Esta interdependencia, en que se encuentran alimentación y salud, debe ser divulgada para contribuir a la prevención y control de muchas enfermedades. Y este es uno de los objetivos principales de la Fundación Grande Covián: la divulgación de los conocimientos sobre Nutrición y Dietética. Por este motivo, nada más fructífero que la colaboración con este gran popularizador de la cocina sencilla, de la cocina de temporada, que es Karlos Arguiñano. Esperamos que las recetas de su repertorio que hemos seleccionado y analizado sean del agrado del lector, y que degusten su cocina, sabiendo además que, al mismo tiempo, están cuidando su salud y la de los suyos.

Para definir cuál es la alimentación adecuada para una persona se precisa conocer sus necesidades nutritivas, que dependen básicamente de su peso y de su grado de actividad física. Por otro lado, y en función de que existan o puedan existir alteraciones en la salud, habrá que añadir cambios nutricionales precisos para prevenir o controlar tales situaciones.

Los requerimientos nutricionales generales o, por decirlo de otra manera, los principios y hábitos alimentarios saludables, de carácter general, que ha de respetar una buena alimentación son los siguientes:

A)

1. La alimentación adecuada es compatible con el placer y alegría de la buena mesa.
2. Cocinar bien es un arte y ponerlo en práctica facilita el cumplimiento de las buenas normas dietéticas.
3. La alimentación ha de apoyarse en la variedad de los alimentos y no en su cantidad. No existe ningún alimento radicalmente bueno o malo, sino que sus virtudes o defectos nutricionales dependen de la composición global de nuestra comida diaria.
4. Es recomendable comer despacio y masticar bien.
5. El que mantiene un peso estable y adecuado, refleja que tiene una alimentación calóricamente equilibrada.
6. Es conveniente reducir el consumo excesivo de grasas de origen animal, a la vez que es aconsejable tomar con moderación aceite de oliva virgen.
7. No se deben olvidar en nuestra dieta los alimentos ricos en harinas, féculas y fibra, como el pan, la pasta y los productos preparados con cereales integrales, las legumbres, las ensaladas, las frutas, las hortalizas y las legumbres.
8. No se debe abusar del consumo de productos preparados con azúcares refinados.

9. El agua es la bebida fisiológica por excelencia.
10. Una nutrición adecuada es más beneficiosa si se acompaña de una vida sana, en la que se cultiven hábitos tales como el ejercicio físico, no fumar y afrontar los problemas de la vida con una actitud constructiva y relajada.

En el cálculo calórico de los distintos platos, se han tomado en cuenta las siguientes normas:

1. Para calcular el contenido de sodio de la dieta se ha tenido en cuenta el que aportan los alimentos por sí mismos, y no la sal que se añade en la condimentación del plato, a gusto de cada persona. Por ello, las recetas que se recomiendan para los hipertensos se prepararán sin añadirle sal adicional.
2. No se han introducido, en el análisis nutricional, productos tales como el romero, tomillo, albahaca, laurel, perejil, etc. puesto que su presencia no aporta ninguna variación a los cálculos realizados.
3. En aquellas recetas en las que no se especifica la cantidad de aceite de oliva a utilizar se considera que se deben utilizar 5 ml, lo que se corresponde a una cucharada sopera.

B)
Las situaciones especiales, incluidas en este libro, y que modifican los requerimientos nutricionales de la persona, son las siguientes:

1. Alimentación y deporte

La importancia de una alimentación adecuada es un hecho conocido por los deportistas y sus entrenadores desde hace años. Es deseable que su dieta sea equilibrada, incluyendo raciones preparadas con alimentos de los distintos grupos. Tanto durante los períodos de entrenamiento como en la práctica competitiva, se produce un gasto energético extra, de tanta importancia que puede superar las 1.500 kilocalorías a la hora. Por ello necesitan dietas con más de 3.500 kcal diarias, lo que supone un aumento de 1.500 a 2.500 sobre sus requerimientos habituales. Dichas calorías las proporcionan los nutrientes energéticos, en especial los hidratos de carbono y las grasas. Por el contrario, la cantidad diaria de proteínas deberá incrementarse sólo ligeramente, excepto en casos en que se pretenda aumentar la masa muscular. En tal situación, la ingesta proteica diaria se deberá incluso triplicar. Las necesidades de vitaminas, y de otros oligoelementos esenciales, pueden cubrirse con una dieta equilibrada, rica en vegetales frescos y en frutas. La resistencia física se puede modificar con el aumento o disminución del consumo de hidratos de carbono, ya que así se puede variar la concentración de glucógeno muscular. Por ello es importante recomendar, los días previos a la prueba deportiva, una dieta con un 65/70 por 100 de la energía en forma de hidratos de carbono o glúcidos, procedentes de farináceos, junto a frutas, zumos y azúcar.

2. Hipertensión arterial

El manejo dietético de la hipertensión arterial se centra en la reducción de peso y en la restricción de sal y alcohol. También se aconseja, por su posible efecto beneficioso, el consumo de alimentos ricos en potasio, calcio y magnesio, entre los que están las verduras, las frutas, las legumbres y los lácteos. En líneas generales, los cambios dietéticos y del estilo de vida para el control de la hipertensión arterial son los siguientes:

1. Normalizar el peso, eliminando el exceso de kilos.
2. Reducir el consumo de alimentos ricos en sodio, tanto la propia sal común como los productos preparados con ella, como embutidos o conservas. No se debe añadir sal a la comida.
3. Potenciar la dieta rica en frutas, verduras, hortalizas y legumbres por las razones antes indicadas. A ello se puede añadir el empleo de lácteos desnatados.
4. Se debe disminuir la ingesta de grasas animales sustituyéndola por aceite de oliva, siempre que no se incremente el aporte total de calorías.
5. Limitar el consumo de productos alcohólicos.
6. Abandono del tabaco y aumento de la actividad física, en especial la de tipo aeróbico, como andar a paso firme una hora diaria.

3. Dieta y obesidad

La medida más efectiva para prevenir y combatir la obesidad es la dieta. La persona con sobrepeso debe conseguir un balance energético negativo, es decir, que el aporte calórico sea inferior a las necesidades. Ello se puede obtener de diversas formas, con diferentes tipos de dieta y con resultados finales parecidos, pero siempre reduciendo el aporte calórico global y aumentando la actividad física. Es deseable instaurar una dieta adaptada a los gustos alimentarios y a los hábitos de conducta de la persona. La reducción energética se hará siempre partiendo de la ingesta espontánea previa, y se suele comenzar disminuyendo dicha ingesta en un 40 por 100, procurando no desequilibrar la dieta. Se debe asegurar un aporte proteico adecuado, con un mínimo de 1 g por kg de peso ideal y día. El aporte de hidratos de carbono, o azúcares, debe constituir el 55/60 por 100 de las calorías totales y se suprimirán los alimentos ricos en azúcares refinados, sustituyéndolos por los ricos en fibra y almidón. Las dietas de adelgazamiento, con un aporte energético superior a 1.200 kcal/día, contienen todos los nutrientes adecuados siempre que estén bien estructuradas. Las dietas con un menor contenido calórico pueden obligar a administrar suplementos multivitamínicos.

4. Dieta y colesterol

La dieta sana sigue siendo el pilar fundamental para que el tratamiento medicamentoso de la hipercolesterolemia sea eficaz. Por ello, las sociedades científicas, encargadas del estudio de estas patologías, recomiendan el estricto control de su alimentación. Los expertos anglosajones recomiendan una dieta pobre en grasa y rica en hidratos de carbono, algo parecida a la dieta vegetariana. Sin embargo, en los países mediterráneos recomendamos una dieta rica en grasa, siempre que ésta, en su mayoría, proceda del aceite de oliva.
Existe acuerdo unánime en restringir los alimentos ricos en grasas saturadas y colesterol, como las carnes rojas, los embutidos, la bollería industrial, la mantequilla, la leche entera o sus derivados y los productos preparados con aceites de palma o coco.

5. Dieta e insuficiencia renal

Los pacientes con insuficiencia renal avanzada deben ingerir una dieta con suficiente aporte calórico diario, en torno a las 35 a 45 kcal/kg de peso. Cuando la retención de productos nitrogenados es importante se debe restringir el consumo de proteínas a 0,6-0,7 g/kg/día. En dicha dieta hipoproteica deben predominar los alimentos ricos en aminoácidos esenciales de alto valor biológico, como los presentes en carnes, pescados y lácteos. Se reducirá, además, la ingesta de sal y productos ricos en potasio, como las patatas, frutas y verduras.

6. Dieta y osteoporosis

Las personas que sufren osteoporosis, o que quieran prevenirla, deben consumir una dieta equilibrada, que haga énfasis en el aporte de calcio. Este mineral está presente, sobre todo, en los lácteos y, en cantidad moderada, en los vegetales de hoja oscura (brécol, col rizada, espinacas, etc.). Para estas personas es importante, además, moderar el consumo de café, evitar los alimentos con un excesivo contenido proteico, limitar el consumo de alcohol, no fumar y aumentar la actividad física.

7. Dieta y diabetes

Los objetivos que perseguimos con el tratamiento dietético de la diabetes son:

- Conseguir un buen estado de nutrición.
- Contribuir al control óptimo de la glucemia.
- Conseguir el normopeso, sobre todo en pacientes obesos.
- Reducir el riesgo de complicaciones.

Para ello, el aporte calórico se ajustará según las necesidades para conseguir el normopeso. Restringiremos el aporte calórico en forma de carbohidratos simples o azúcares solubles de absorción rápida aumentando el consumo de glúcidos complejos o de absorción lenta ricos en fibra soluble, fundamentalmente féculas. Igualmente, se aconseja reducir el aporte de grasa animal (grasa saturada) y colesterol aumentando el consumo de grasa monoinsaturada, fundamentalmente aceite de oliva virgen.

8. Dieta y estreñimiento

El estreñimiento no es una enfermedad, pero ocasiona molestias a las personas que lo sufren. Antes de iniciar la toma de laxantes deben seguirse unas normas dietéticas apropiadas. Debe tomarse una dieta equilibrada que contenga una cantidad elevada de alimentos con fibra vegetal: pan y cereales integrales, fruta cruda, hortalizas, legumbres y verduras. Además, debe tomarse una cantidad elevada de agua al día (3 litros o más). Finalmente, pueden probarse remedios sencillos, de tipo casero, que en no pocas ocasiones se muestran útiles para vencer el estreñimiento puesto que pueden provocar el reflejo gastro-cólico:

- Café en ayunas.
- Zumo de naranja en ayunas.
- Ciruelas en ayunas.
- Zumo de limón.

Esperamos que las recetas que hemos seleccionado sean de su agrado y degusten la deliciosa cocina de Karlos Arguiñano, sabiendo además que, al mismo tiempo, están cuidando su salud y la de los suyos. Apoyamos así la idea de que el «buen comer» no debe estar reñido con el «bien comer».

COMO INTERPRETAR ADECUADAMENTE LA INFORMACION CONTENIDA EN ESTE LIBRO

Cada una de las recetas propuestas en este libro está acompañada de un código de colores que funciona igual que los de un semáforo:

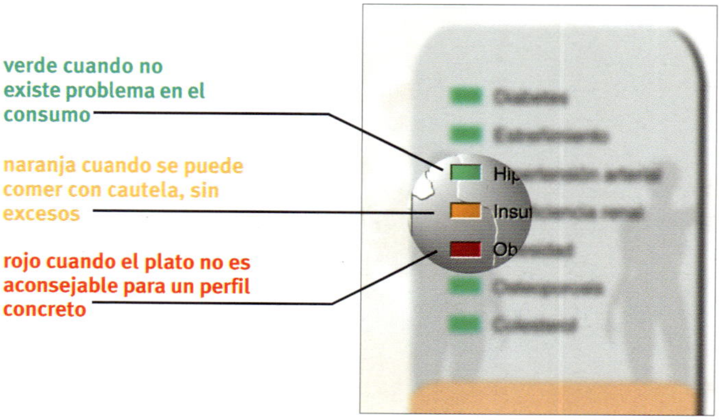

Esos colores están indicados pensando en la generalidad de los lectores, pero la salud de cada persona es concreta y diferente a la de otra persona. Por eso, este libro y la información que en él se aporta no sustituye la información que pueda proporcionarle su propio dietista o su médico: es a ellos a quienes debe dirigirse si se le plantean dudas respecto a algo tan importante e interconectado como la comida y la salud, y son ellos quienes deben prescribir su dieta concreta y aconsejar sobre la cultura alimenticia más conveniente para usted. Este no es un libro para curarse, sino para cuidarse.

Las cantidades de los ingredientes de todas las recetas están calculadas para 4 personas.

RECETAS

ENSALADAS

ENSALADA AL AROMA DE AZAFRAN

Ingredientes

2 tomates • 1 pepino • unas hojas de lechuga • 4 champiñones • un puñado de aceitunas • 1/2 cebolleta • 50 g de jamón de pato

Para la vinagreta: unas hebras de azafrán • 6 cuch. de aceite de oliva• 2 cuch. de vinagre • sal • perejil picado

- Diabetes
- Estreñimiento
- Hipertensión arterial
- Insuficiencia renal
- Obesidad
- Osteoporosis
- Colesterol

Plato especialmente recomendado para el consumo por personas obesas, hipertensas o diabéticas.
Deben consumirlo esporádicamente personas con problemas de colesterol o con insuficiencia renal.

POR PERSONA

Calorías totales: 182 kcal
Proteínas: 3,8 g (8%)
Hidratos de carbono: 6,2 g (14%)
Grasas totales: 15,3 g (78%)
Saturada: 14,8%
Monoinsaturada: 49%
Poliinsaturada: 7,4%
Colesterol: 7 mg
Fibra alimentaria: 2,6 g
Calcio: 60 mg
Hierro: 1,4 mg
Potasio: 442 mg
Sodio: 358 mg

ELABORACION

Limpia bien todas las verduras.
En el borde de una fuente, coloca el tomate en gajos. A continuación, y siguiendo la vuelta de la fuente, el pepino pelado y en rodajas. Añade en el centro la lechuga troceada y, sobre ella, las lonchas de jamón de pato. Agrega también el champiñón en láminas y las aceitunas. Sazona las verduras. Por último, prepara la vinagreta: primero, tuesta ligeramente las hebras de azafrán envueltas en papel de aluminio. A continuación, desmenúzalas y échalas en un bol. Añade el aceite, el vinagre, sal y perejil picado. Bátela con un tenedor para que ligue. Decora la ensalada con unos aros de cebolleta, aliña con la vinagreta y sirve.

ENSALADA CALIENTE DE PESCADO

Ingredientes

100 g de salmón • 100 g de gallo • 16 gambas • 2 chipirones • 1/2 lechuga • 2 endibias • 1 tomate • 8 rabanitos • pimienta negra en grano • 1 zanahoria • 1/2 cebolla • vinagreta

ELABORACION

Limpia de piel y de espinas el pescado y trocéalo en láminas de un centímetro de grosor aproximadamente. No hace falta que cuezas los chipirones con antelación, pero tienes que cortarlos muy finos para que se hagan.

En una cazuela pon la zanahoria y la cebolla cortadas en juliana, y la pimienta, y cubre con dos dedos de agua.

Cuando rompa a hervir, ve escaldando el pescado sin que se pase.

En una fuente coloca las endibias, la lechuga y el tomate, al gusto de cada cual. Sobre esto pon el pescado jugando un poco con los colores, añade los rabanitos y aliña con vinagreta, o, si lo prefieres, con aceite y vinagre solamente.

También puedes acompañar con mahonesa.

- Diabetes
- Estreñimiento
- Hipertensión arterial
- Insuficiencia renal
- Obesidad
- Osteoporosis
- Colesterol

Plato especialmente recomendado para personas con diabetes, obesidad, hipertensión arterial o colesterol elevado. Consumo esporádico en personas con insuficiencia renal.

POR PERSONA

Calorías totales: 152 kcal
Proteínas: 18 g (47%)
Hidratos de carbono: 11,1 g (37%)
Grasas totales: 2,8 g (16%)
- Saturada: 4,7%
- Monoinsaturada: 7,1%
- Poliinsaturada: 4,2%

Colesterol: 30 mg
Fibra alimentaria: 4,1 g
Calcio: 165,3 mg
Hierro: 4 mg
Potasio: 938 mg
Sodio: 89 mg

Ensalada con nueces

Ingredientes

2 endibias • 1 manzana • 8 champiñones o setas • 100 g de queso • 2 cuch. de nueces picadas • un poco de mostaza • perejil picado • aceite de oliva • vinagre • sal

- Diabetes
- Estreñimiento
- Hipertensión arterial
- Insuficiencia renal
- Obesidad
- Osteoporosis
- Colesterol

Plato especialmente recomendado para el consumo por personas obesas, que sufran de estreñimiento o con osteoporosis.
Deben consumirlo esporádicamente quienes padezcan insuficiencia renal o tengan problemas de colesterol.

POR PERSONA

Calorías totales: 225 kcal
Proteínas: 11 g (20%)
Hidratos de carbono: 13,2 g (24%)
Grasas totales: 14,8 g (60%)
- Saturada: 18,8%
- Monoinsaturada: 24%
- Poliinsaturada: 9,6%

Colesterol: 23 mg
Fibra alimentaria: 4,4 g
Calcio: 304 mg
Hierro: 3,3 mg
Potasio: 791 mg
Sodio: 378 mg

Elaboracion

Coloca unas hojas de endibia cubriendo la vuelta de una fuente o plato y el resto pícalas y ponlas en el centro.
A continuación, añade las setas o champiñones limpios y la manzana pelada, todo bien troceado. Coloca también el queso cortado en láminas finas y las nueces picadas.
Para preparar el aliño, bate aceite de oliva con vinagre, sal y un poco de mostaza y perejil picado.
Adereza con esta mezcla la ensalada y sirve.

ENSALADA DE ALUBIAS BLANCAS Y BACALAO

Ingredientes

200 g de alubias blancas o pochas cocidas • 350 g de bacalao desalado • 1 blanco de puerro • 1/2 pimiento verde • 1 cebolleta • unas hojas de escarola • aceite • sal • leche y agua

Para la vinagreta: 1 tomate • 12 cuch. de aceite • 4 cuch. de vinagre • sal

- Diabetes
- Estreñimiento
- Hipertensión arterial
- Insuficiencia renal
- Obesidad
- Osteoporosis
- Colesterol

Plato recomendado para el consumo de personas con problemas de colesterol. Deben consumirlo esporádicamente las personas obesas, con problemas renales e hipertensas.

POR PERSONA

Calorías totales: 367 kcal
Proteínas: 32,4 g (35%)
Hidratos de carbono: 33,8 g (37%)
Grasas totales :11,4 g (28%)
    Saturada: 4%
    Monoinsaturada: 17%
    Poliinsaturada: 4%
Colesterol: 42,5 mg
Fibra alimentaria: 5,2 g
Calcio: 93 mg
Hierro: 3,7 mg
Potasio: 733,7 mg
Sodio: 2.682,4 mg

ELABORACION

Pica en juliana fina la cebolleta, el blanco de puerro y el pimiento verde y ponlo a pochar en una sartén con aceite. Sazona.

Mientras, pon a calentar leche y agua a partes iguales e introduce los trozos de bacalao. Déjalos hacer 5 minutos a fuego suave (evitando que hierva el líquido). Saca el bacalao, retira la piel y suéltalo en láminas.

Para preparar la vinagreta, echa en un bol el tomate pelado y muy picado. Agrega el vinagre, la sal y el aceite.

Mezcla esta vinagreta con las alubias o pochas cocidas (reserva algo de vinagreta). Coloca el pochado de verduras en el fondo de una fuente y en el centro, las alubias con la vinagreta. Decora los bordes con unas hojas de escarola bien limpias y troceadas. Sazónalas. Por último, añade las láminas de bacalao. Salsea con la vinagreta que has reservado y sirve.

ENSALADA DE ARROZ

Ingredientes

1/4 kg de arroz • 2 tomates • 1 cebolleta • 1 pimiento verde • 16 aceitunas sin hueso • aceite de oliva • vinagre • sal • 4 pepinillos • 2 huevos cocidos • agua

- Diabetes
- Estreñimiento
- Hipertensión arterial
- Insuficiencia renal
- Obesidad
- Osteoporosis
- Colesterol

Plato saludable que puede ser consumido por cualquier persona con moderación (no más de dos veces a la semana).

POR PERSONA

Calorías totales: 306 kcal
Proteínas: 8,1 g (10%)
Hidratos de carbono: 48,4 g (63%)
Grasas totales: 8,9 g (27%)
Saturada: 4,8%
Monoinsaturada: 13,8%
Poliinsaturada: 2,1%
Colesterol: 126 mg
Fibra alimentaria: 1,1 g
Calcio: 31,3 mg
Hierro: 1,2 mg
Potasio: 208,8 mg
Sodio: 40,8 mg

ELABORACION

Cuece el arroz, escurre y refresca.

Descorazona el tomate y córtalo en rodajas. Cubre con ellas el fondo de un plato o fuente haciendo una cama. Sazona y agrega el arroz frío. Pela y corta en cuartos los huevos cocidos. Pica las aceitunas y filetea los pepinillos. Añádeselo todo a la ensalada. Agrega también el pimiento verde picado y la cebolleta en juliana fina. Aliña con sal, aceite de oliva y vinagre y sirve.

Ensalada de arroz y platano

Ingredientes

1 lechuga • 100 g de arroz • 2 plátanos • 50 g de pasas • agua • un chorrito de zumo de limón • sal

Para el aliño: vinagre • 1 cuch. de mostaza • azúcar moreno • sal • orégano • aceite de oliva

Elaboracion

Cuece el arroz en agua con un chorrito de zumo de limón y sal, pásalo por agua fría y escúrrelo bien.

Lava la lechuga y córtala en juliana, y a continuación colócala en una ensaladera junto con los plátanos pelados y cortados en rodajas. Agrega el arroz y mezcla bien todos los ingredientes. Añade las pasas.

En un recipiente aparte bate una cucharadita de mostaza con un poco de vinagre, sal y una pizca de azúcar. Agrega el aceite y el orégano, mezcla bien y aliña con esto la ensalada.

- Diabetes
- Estreñimiento
- Hipertensión arterial
- Insuficiencia renal
- Obesidad
- Osteoporosis
- Colesterol

Plato especialmente recomendado para el consumo por personas obesas, hipertensas, con problemas de colesterol o que sufran de estreñimiento. Deben consumirlo esporádicamente quienes tengan insuficiencia renal o diabéticos.

POR PERSONA

Calorías totales: 287 kcal
Proteínas: 5,1 g (7%)
Hidratos de carbono: 53,2 g (74%)
Grasas totales :6,5 g (20%)
  Saturada: 2,2%
  Monoinsaturada: 11,3%
  Poliinsaturada: 1,6%
Colesterol: 0 mg
Fibra alimentaria: 5,2 g
Calcio: 99 mg
Hierro: 2 mg
Potasio: 716 mg
Sodio: 87 mg

Ensalada de berenjenas y bacalao

Ingredientes

2 berenjenas • 300 g de bacalao desalado • 2 tomates • 1/2 kg de habas sin piel y escaldadas • 3 dientes de ajo • sal • aceite de oliva • vinagre

- Diabetes
- Estreñimiento
- Hipertensión arterial
- Insuficiencia renal
- Obesidad
- Osteoporosis
- Colesterol

Plato recomendado para pacientes diabéticos, con problemas de colesterol o con obesidad moderada. Consumo esporádico en personas con insuficiencia renal o hipertensas.

POR PERSONA

Calorías totales: 280 kcal
Proteínas: 21,9 g (32%)
Hidratos de carbono: 22,7 g (32%)
Grasas totales: 10,2 g (36%
- Saturada: 5%
- Monoinsaturada: 23,5%
- Poliinsaturada: 7,5%

Colesterol: 37,5 mg
Fibra alimentaria: 8,5 g
Calcio: 95,2 mg
Hierro: 4,4 mg
Potasio: 908,2 mg
Sodio: 2.392 mg

Elaboracion

Corta las berenjenas por la mitad, añádeles sal y aceite y ásalas en el horno a 200 grados durante 10 minutos.

Pica la carne y resérvala. La piel puedes guardarla para utilizarla como base de relleno en otra ocasión.

Pica el tomate y el ajo, sazona y ponlo a pochar en una sartén con aceite durante 8 ó 10 minutos. A continuación, agrega el bacalao desmigado y la carne de las berenjenas, mezclando bien. Déjalo hacer a fuego suave hasta que se quede seco y pruébalo de sal.

Monta con esta mezcla cuatro platos o una fuente.

Adorna con las habas escaldadas y peladas y alíñalo con sal (si hace falta), aceite y vinagre.

Puedes tomar esta ensalada templada o fría.

ENSALADA DE CHAMPIÑONES

Ingredientes

1/2 kg de champiñones • el zumo de 2 limones • 3 cuch. de queso de untar • 3 cuch. de aceite • 20 colas de gambas cocidas • 1 loncha picada de jamón cocido • sal • unas hojas de lechuga para decorar

ELABORACION

Limpia los champiñones, córtalos en finas rodajas y rocíalos con el zumo de limón. Añade la sal y deja que reposen durante un cuarto de hora.
En un bol mezcla el resto de los ingredientes, excepto el queso, y sazona. Incorpora los champiñones y mezcla todo bien. Sirve en copas o en platos colocando el queso en el centro (puedes aligerarlo con medio vaso de nata). Por último, adorna con lechuga cortada en juliana.

- Diabetes
- Estreñimiento
- Hipertensión arterial
- Insuficiencia renal
- Obesidad
- Osteoporosis
- Colesterol

Se puede tomar como primer plato con consumo moderado.
No consumir más de dos-tres veces por semana.
No recomendado en hiperlipémicos.

POR PERSONA

Calorías totales: 224 kcal
Proteínas: 10,9 g (20%)
Hidratos de carbono: 7,3 g (13%)
Grasas totales: 16,8 g (67%)
Saturada: 18,1%
Monoinsaturada: 37,8%
Poliinsaturada: 5,2%
Colesterol: 43,6 mg
Fibra alimentaria: 3,8 g
Calcio: 164,6 mg
Hierro: 1,7 mg
Potasio: 695 mg
Sodio: 212 mg

Ensalada de colores

Ingredientes

1/2 kg de patatas • 1 pepino • 2 remolachas cocidas • 2 huevos cocidos • 50 g de salmón ahumado • aceite de oliva • sal • vinagre • agua

- Diabetes
- Estreñimiento
- Hipertensión arterial
- Insuficiencia renal
- Obesidad
- Osteoporosis
- Colesterol

Primer plato muy aceptable, en especial en hipertensos si se sazona en poca cantidad.

POR PERSONA

Calorías totales: 290 kcal
Proteínas: 10 g (14%)
Hidratos de carbono: 30,3 g (42%)
Grasas totales: 14,2 g (44%)
Saturada: 8,1%
Monoinsaturada: 27%
Poliinsaturada: 4,7%
Colesterol: 139,5 mg
Fibra alimentaria: 4,9 g
Calcio: 50,5 mg
Hierro: 2 mg
Potasio: 66,5 mg
Sodio: 104 mg

Elaboracion

Lava y cuece las patatas en agua durante 20 minutos. Enfríalas y las pelas. Córtalas en lonchas y reserva.

Pela el pepino, córtalo en tiras y cubre el fondo de una fuente. Pela la remolacha, córtala en lonchas y escúrrela bien. Colócala encima del pepino y sobre éste la patata.

Por último, adorna con el salmón en rollitos y el huevo picado. Aliña con aceite, vinagre y sal y sirve.

ENSALADA DE ESPARRAGOS TRIGUEROS

Ingredientes

600 g de espárragos trigueros • 400 g de colas peladas de langostinos • 2 zanahorias • 1 limón • aceite • sal

- Diabetes
- Estreñimiento
- Hipertensión arterial
- Insuficiencia renal
- Obesidad
- Osteoporosis
- Colesterol

Plato muy saludable, adecuado para todos los pacientes: diabéticos, hipertensos o con problemas de colesterol como primer plato.
Consumo esporádico en personas con insuficiencia renal.

POR PERSONA

Calorías totales: 317 kcal
Proteínas: 40,5 g (50%)
Hidratos de carbono: 10,4 g (13%)
Grasas totales: 11,2 g (37%)
Saturada: 6,2%
Monoinsaturada: 21,9%
Poliinsaturada: 8,9%
Colesterol: 262,5 mg
Fibra alimentaria: 2,4 g
Calcio: 254 mg
Hierro: 5,2 mg
Potasio: 1.042 mg
Sodio: 351 mg

ELABORACION

Ante todo, pela los espárragos y átalos en ramitos.
En una cazuela con bastante agua pon a cocer los espárragos cuando rompa a hervir el agua. Cuece a fuego medio durante 20 minutos. Resérvalos al calor.
Aparte, cuece en agua hirviendo con bastante sal las colas de los langostinos. En tres o cuatro minutos enfría con agua fría, escúrrelas y reserva.
Pon los espárragos en el plato, coloca los langostinos encima y la zanahoria rallada por el borde del plato. Aliña todo con aceite, limón y sal. También puedes aliñar con vinagreta o con mahonesa.

ENSALADA DE GUISANTES Y HABAS

Ingredientes

1/4 kg de guisantes cocidos • 200 g de habas frescas cocidas • media escarola • media lechuga • 2 tomates • 8 filetes de anchoa en aceite • aceite de oliva • vinagre • 2 hojas de albahaca • sal

- Diabetes
- Estreñimiento
- Hipertensión arterial
- Insuficiencia renal
- Obesidad
- Osteoporosis
- Colesterol

Plato muy recomendable para cualquier persona. Se puede tomar como primer plato a diario.
En hipertensos, no sazonar en exceso.
Consumo esporádico en personas con insuficiencia renal

POR PERSONA

Calorías totales: 321 kcal
Proteínas: 17,5 g (22%)
Hidratos de carbono: 26,2 g (33%)
Grasas totales: 14,9 g (42%)
Saturada: 6,4%
Monoinsaturada: 22,4%
Poliinsaturada: 6,7%
Colesterol: 34,2 mg
Fibra alimentaria: 10,3 g
Calcio: 194,9 mg
Hierro: 3,8 mg
Potasio: 1.246,7 mg
Sodio: 652 mg

ELABORACION

Coloca el tomate cortado en gajos en el borde de una fuente o plato, en el centro la escarola y la lechuga, bien limpias y picadas, y encima las habas y los guisantes cocidos. Adorna con las anchoas y las hojas de albahaca picadas. Por último, sazona y aliña con aceite de oliva, vinagre y sal.

ENSALADA DE LA RIBERA

Ingredientes

1 cogollo de escarola • 4 cogollos de lechuga • 2 tomates • 4 espárragos blancos y cocidos • 12 filetes de anchoa de lata • 2 huevos duros • aceitunas verdes • aceitunas negras • 1 cebolleta (juliana) • 2 dientes de ajo picado fino

Para el aliño: aceite • vinagre de vino • sal

ELABORACION

Pon el tomate cortado en lonchas finas en el fondo de la fuente y encima la verdura limpia, los espárragos, las aceitunas y los huevos cortados en lonchas y las anchoas.
Échale sal y alíñalo con aceite y vinagre.

- Diabetes
- Estreñimiento
- Hipertensión arterial
- Insuficiencia renal
- Obesidad
- Osteoporosis
- Colesterol

Plato especialmente recomendado para el consumo por personas obesas, diabéticas, que sufran de estreñimiento o personas con osteoporosis. Deben consumirlo esporádicamente los pacientes con insuficiencia renal, con hipertensión o con problemas de colesterol.

POR PERSONA

Calorías totales: 228 kcal
Proteínas: 10,2 g (18%)
Hidratos de carbono: 14,3 g (25%)
Grasas totales: 13,2 g (52%)
Saturada: 9,5%
Monoinsaturada: 28%
Poliinsaturada: 6,3%
Colesterol: 140 mg
Fibra alimentaria: 4,6 g
Calcio: 195 mg
Hierro: 2,2 mg
Potasio: 933 mg
Sodio: 618 mg

ENSALADA DE LEGUMBRES Y SOJA

- Diabetes
- Estreñimiento
- Hipertensión arterial
- Insuficiencia renal
- Obesidad
- Osteoporosis
- Colesterol

Plato saludable y recomendado para cualquier tipo de persona, tanto sana como enferma.
Especialmente indicado para personas que sufran estreñimiento.
Deben consumirlo con moderación quienes padezcan insuficiencia renal.

POR PERSONA

Calorías totales: 268 kcal
Proteínas: 14,5 g (22%)
Hidratos de carbono: 38 g (57%)
Grasas totales: 6,6 g (22%)
  Saturada: 2,4%
  Monoinsaturada: 12,1%
  Poliinsaturada: 1,7%
Colesterol: 0 mg
Fibra alimentaria: 7,6 g
Calcio: 202 mg
Hierro: 5,6 mg
Potasio: 1.193 mg
Sodio: 59 mg

Ingredientes

1 lechuga • 200 g de judías blancas • 200 g de brotes de soja • 1 tomate en dados • 1 endibia • aceite de oliva o de soja • vinagre de jerez • perejil • sal fina y gorda • agua

ELABORACION

Pon en remojo las judías la víspera. Cuécelas en agua con sal hasta que estén tiernas, después escurre y refréscalas.
Limpia las verduras. Haz una vinagreta con el aceite de oliva o de soja, el tomate en dados, el vinagre y la sal, mezclándolo todo bien. Espolvorea con perejil picado.
Coloca la lechuga troceada y las hojas de endibia en el fondo de un plato o fuente y después dispón encima las judías y los brotes de soja. Por último, sazona con sal gorda, aliña con la vinagreta y sirve.

Ensalada de naranjas

Ingredientes

4 naranjas • 4 endibias • 4 zanahorias • 1 cebolleta • pimienta negra • el zumo de 1 limón • aceite de oliva

- Diabetes
- Estreñimiento
- Hipertensión arterial
- Insuficiencia renal
- Obesidad
- Osteoporosis
- Colesterol

Plato muy recomendado en cualquier tipo de persona, tanto sana como enferma. Se puede consumir a diario.

POR PERSONA

Calorías totales: 180 kcal
Proteínas: 3,3 g (7%)
Hidratos de carbono: 18,8 g (42%)
Grasas totales: 10,4 g (52%)
  Saturada: 7%
  Monoinsaturada: 36%
  Poliinsaturada: 4,5%
Colesterol: 0 mg
Fibra alimentaria: 6,4 g
Calcio: 164,3 mg
Hierro: 3,6 mg
Potasio: 825,9 mg
Sodio: 102 mg

Elaboracion

Pela las naranjas y córtalas en gajos. Haz una juliana muy fina con la zanahoria y la cebolleta.

Coloca las hojas de endibia en el fondo de una fuente, pon los gajos de naranja en el centro y añade la juliana de zanahoria y cebolleta por encima. Espolvorea con pimienta molida y, por último, aliña con aceite de oliva al gusto y el zumo de un limón.

ENSALADA DE PEPINO

Ingredientes

2 ó 3 pepinos • 2 tomates • 2 pimientos verdes • 2 cebolletas • aceite de oliva • vinagre • sal gorda

- Diabetes
- Estreñimiento
- Hipertensión arterial
- Insuficiencia renal
- Obesidad
- Osteoporosis
- Colesterol

Plato muy recomendado para cualquier tipo de persona, tanto sana como enferma. Se puede consumir a diario.

POR PERSONA

Calorías totales: 137 kcal
Proteínas: 2,2 g (7%)
Hidratos de carbono: 8,6 g (25%)
Grasas totales: 10,5 g (69%)
    Saturada: 9,2%
    Monoinsaturada: 47,3%
    Poliinsaturada: 5,9%
Colesterol: 0 mg
Fibra alimentaria: 3,1 g
Calcio: 39,8 mg
Hierro: 1 mg
Potasio: 469,4 mg
Sodio: 22 mg

ELABORACION

Pela los pepinos y pártelos en lonchas finas. Cubre el fondo de una fuente o plato con ellas. Parte el tomate bien limpio en trozos y coloca éstos encima en toda la vuelta. Después, el pimiento verde, sin pepitas y muy picadito, y, por último, la cebolleta en tiras. Aliña con sal gorda, aceite de oliva y vinagre. Sirve.

Ingredientes

2 remolachas cocidas • 2 patatas cocidas • 12 langostinos • 8 anchoas en aceite • 16 judías verdes • aceite de oliva • vinagre • sal gorda

- Diabetes
- Estreñimiento
- Hipertensión arterial
- Insuficiencia renal
- Obesidad
- Osteoporosis
- Colesterol

Plato recomendado para consumo moderado, no más de dos veces por semana. Contraindicado en hipertensos y en pacientes con ácido úrico elevado.

ELABORACION

Corta las remolachas y las patatas ya peladas en rodajas. Dispón éstas alrededor de un plato alternando la remolacha y la patata. En el centro del plato coloca las vainas cocidas, decora la ensalada con los langostinos cocidos y pelados y las anchoas. Por último, aliña con aceite, vinagre y sal y sirve.

POR PERSONA

Calorías totales: 362 kcal
Proteínas: 26,9 g (30%)
Hidratos de carbono: 29,7 g (33%)
Grasas totales: 15 g (37%)
Saturada: 6,5%
Monoinsaturada: 20,4%
Poliinsaturada: 6,2%
Colesterol: 146,7 mg
Fibra alimentaria: 4,8 g
Calcio: 136,5 mg
Hierro: 3,3 mg
Potasio: 339 mg
Sodio: 275 mg

ENSALADA DE TEMPORADA

Ingredientes

1 pepino pelado • 2 tomates • 2 cebolletas • 2 patatas cocidas • lombarda • aceite de oliva • vinagre de sidra • sal

- Diabetes
- Estreñimiento
- Hipertensión arterial
- Insuficiencia renal
- Obesidad
- Osteoporosis
- Colesterol

Plato muy recomendado para todo tipo de persona, tanto sana como enferma. Consumo a diario. Precaución en hipertensos con el consumo de sal.

POR PERSONA

Calorías totales: 253 kcal
Proteínas: 5,6 g (9%)
Hidratos de carbono: 32,4 g (51%)
Grasas totales: 10,8 g (38%)
  Saturada: 5%
  Monoinsaturada: 25,6%
  Poliinsaturada: 3,2%
Colesterol: 0 mg
Fibra alimentaria: 7,6 g
Calcio: 97,8 mg
Hierro: 2,3 mg
Potasio: 925 mg
Sodio: 38 mg

ELABORACION

Corta todo en lonchas finas y disponlo del siguiente modo: primero coloca las lonchas de tomate en el perímetro del plato y luego haz otros círculos más cerrados con las lonchas de patata y las lonchas de pepino. En el centro del plato coloca la lombarda cortada en juliana, y sobre ésta una cebolleta también cortada en juliana. Realiza el aliño con aceite de oliva, vinagre y sal.

ENSALADA DE TOMATE Y BACALAO

Ingredientes

4 trozos de bacalao desalado • 4 tomates maduros • 1 patata nueva cocida • 1 manojo de berros • aceite de oliva virgen • vinagre de estragón • sal • pimienta negra • agua o leche

- Diabetes
- Estreñimiento
- Hipertensión arterial
- Insuficiencia renal
- Obesidad
- Osteoporosis
- Colesterol

Plato muy recomendado en cualquier tipo de persona, tanto sana como enferma. Se puede consumir diariamente.
Precaución en hipertensos con el consumo de sal.

POR PERSONA

Calorías totales: 348 kcal
Proteínas: 42,1 g (48%)
Hidratos de carbono: 19,9 g (23%)
Grasas totales: 11,3 g (29%)
Saturada: 3,9%
Monoinsaturada: 18,9%
Poliinsaturada: 3,1%
Colesterol: 75 mg
Fibra alimentaria: 4,1 g
Calcio: 64,2 mg
Hierro: 1,8 mg
Potasio: 560 mg
Sodio: 4.699 mg

ELABORACION

Escalda el bacalao en agua o leche y sepáralo en láminas. Pela los tomates quitándoles las pepitas y hazlos a la plancha en lonchas con sal y pimienta negra y con un chorrito de aceite.
En un plato pon las lonchas de tomate. Encima coloca la patata en láminas y sobre éstas más lonchas de tomate. Después, cubre con láminas de bacalao. Por último, pon alrededor unos berros bien lavados. Aliña con aceite, vinagre y sal.
Listo para servir.

ENSALADA DE VERDURAS CON FRUTAS

Ingredientes

1 manzana • 1 plátano • medio racimo de uva de mesa embolsada • 2 tomates • 4 hojas de lechuga • 8 pepinillos • medio limón

Para acompañar: mahonesa • requesón

- Diabetes
- Estreñimiento
- Hipertensión arterial
- Insuficiencia renal
- Obesidad
- Osteoporosis
- Colesterol

Plato muy recomendado para todo tipo de persona. Consumo a diario.

POR PERSONA

Calorías totales: 162 kcal
Proteínas: 2,2 g (6%)
Hidratos de carbono: 24,7 g (61%)
Grasas totales: 6,1 g (34%)
Saturada: 3,9%
Monoinsaturada: 20%
Poliinsaturada: 2,8%
Colesterol: 0 mg
Fibra alimentaria: 3,5 g
Calcio: 37,8 mg
Hierro: 1,1 mg
Potasio: 555 mg
Sodio: 10 mg

ELABORACION

Pela la fruta. Corta la manzana en dados y el plátano en rodajas, colócalos en un bol y rocíalos con el zumo de medio limón.

Pica el tomate y los pepinillos (reservando algunos para adornar la ensalada) en dados y agrégalos a la fruta.

Corta la lechuga en juliana y ponla en el fondo del plato. Coloca encima las frutas mezcladas con los pepinillos y el tomate.

Por último, espolvorea la ensalada con los granos de uva y adorna con los pepinillos cortados en láminas.

Sazona y acompaña la ensalada con mahonesa y requesón.

ENSALADA DE ZANAHORIAS

Ingredientes

2 plátanos • 3 zanahorias • 1 yogur natural • el zumo de 1 limón • una pizca de azúcar • sal

ELABORACION

Pela y ralla las zanahorias bien limpias. Pela los plátanos y córtalos en rodajas. Colócalo todo en una fuente: la zanahoria en el centro y el plátano alrededor. Mezcla el yogur con el zumo de limón, un pellizco de azúcar y un poco de sal. Aliña con esta salsa la ensalada y sirve.

- Diabetes
- Estreñimiento
- Hipertensión arterial
- Insuficiencia renal
- Obesidad
- Osteoporosis
- Colesterol

Plato especialmente indicado para pacientes diabéticos, para personas obesas con problemas de colesterol, con triglicéridos altos, obesos y no obesos, personas que sufran de estreñimiento y pacientes con problemas coronarios.
Está contraindicado en personas con insuficiencia renal.

POR PERSONA

Calorías totales: 145 kcal
Proteínas: 3,5 g (10%)
Hidratos de carbono: 27,8 g (77%)
Grasas totales: 2,2 g (14%)
Saturada: 6%
Monoinsaturada: 3%
Poliinsaturada: 0%
Colesterol: 5 mg
Fibra alimentaria: 4,2 g
Calcio: 95,8 mg
Hierro: 1,2 mg
Potasio: 550 mg
Sodio: 70,8 mg

VERDURAS y HORTALIZAS

Acelgas con Anchoas

Ingredientes

1 kg de acelgas • 12 filetes de anchoa en lata • 1 cabeza de ajo • aceite de oliva • 1 cebolleta picada fina • agua • sal

- Diabetes
- Estreñimiento
- Hipertensión arterial
- Insuficiencia renal
- Obesidad
- Osteoporosis
- Colesterol

Plato especialmente recomendado para personas obesas, con hipertensión, con problemas de colesterol, con anemia por falta de hierro o con osteoporosis.
Deben consumirlo esporádicamente quienes tengan insuficiencia renal o ácido úrico elevado.

POR PERSONA

Calorías totales: 173 kcal
Proteínas: 9,1 g (21%)
Hidratos de carbono: 15,5 g (36%)
Grasas totales: 8,4 g (44%)
Saturada: 5,7%
Monoinsaturada: 20,8%
Poliinsaturada: 6,2%
Colesterol: 17 mg
Fibra alimentaria: 0,2 g
Calcio: 383 mg
Hierro: 9 mg
Potasio: 827 mg
Sodio: 216 mg

Elaboracion

Corta las acelgas en trozos de unos 3 centímetros aproximadamente y cuécelas en agua con sal junto con la cabeza de ajo, sin pelar. Una vez cocido, escurre las acelgas y reserva. Pela la cabeza de ajo y haz puré con ella.
En una sartén con aceite pocha la cebolleta picada. Cuando esté dorada, agrega el puré de ajo. Rehoga y añade las anchoas picadas, removiendo hasta incorporar las acelgas. Calienta bien, prueba de sal y sirve.

ALBONDIGAS DE LA HUERTA

Ingredientes

1/2 kg de patatas • 1/4 litro de puré de verduras • 200 g de zanahorias • harina • 1/2 kg de guisantes desgranados • aceite de oliva • sal • 1 pimiento rojo • agua • 2 huevos

- Diabetes
- Estreñimiento
- Hipertensión arterial
- Insuficiencia renal
- Obesidad
- Osteoporosis
- Colesterol

Plato de consumo poco frecuente en pacientes con obesidad. Si lo consumen enfermos obesos se debe asociar a un segundo plato hipocalórico.
Recomendado en personas que sufren de estreñimiento.

POR PERSONA

Calorías totales: 543 kcal
Proteínas: 18,4 g (13%)
Hidratos de carbono: 96,5 g (71%)
Grasas totales: 9 g (15%)
Saturada: 2,7%
Monoinsaturada: 7,8%
Poliinsaturada: 1,3%
Colesterol: 126 mg
Fibra alimentaria: 11,8 g
Calcio: 82,5 mg
Hierro: 6,5 mg
Potasio: 629 mg
Sodio: 89 mg

ELABORACION

Cuece las patatas, las zanahorias y los guisantes en agua con sal y un chorro de aceite. Una vez cocido, tritúralo todo hasta conseguir un puré muy espeso. Agrega los huevos batidos a la pasta (si te queda demasiado ligera, lígala con harina de maíz diluida en agua).
Da forma a las albóndigas, pásalas por harina y fríelas en aceite hasta dorarlas. Sirve las albóndigas en una fuente con el fondo cubierto de puré de verduritas caliente y acompaña con el pimiento rojo frito en aros.

Alcachofas con almejas y calamares

Ingredientes

2 alcachofas • 400 g de almejas • 400 g de calamares pequeños • 1 cebolla o 2 cebolletas • 1 diente de ajo • 2 cuch. de harina • perejil picado • 1/2 limón • aceite de oliva • agua • sal

- Diabetes
- Estreñimiento
- Hipertensión arterial
- Insuficiencia renal
- Obesidad
- Osteoporosis
- Colesterol

Plato especialmente recomendado para el consumo por parte de personas hipertensas, con problemas de colesterol, con osteoporosis o que sufran de estreñimiento. Deben consumirlo esporádicamente personas obesas, con insuficiencia renal o con ácido úrico elevado.

POR PERSONA

Calorías totales: 386 kcal
Proteínas: 58,5 g (40%)
Hidratos de carbono: 40,3 g (42%)
Grasas totales: 8,1 g (19%)
    Saturada: 1,6%
    Monoinsaturada: 8,4%
    Poliinsaturada: 4%
Colesterol: 50 mg
Fibra alimentaria: 4,6 g
Calcio: 254 mg
Hierro: 3 mg
Potasio: 1.016 mg
Sodio: 44 mg

Elaboracion

Limpia bien las alcachofas quitándoles las hojas exteriores y úntalas con limón para que no se ennegrezcan.

Seguidamente, cuece las alcachofas en una cazuela con agua, sal y una cucharada de harina (12 minutos, aproximadamente). Cuando estén tiernas, escúrrelas y reserva. Guarda el caldo.

En una sartén, con un chorrito de aceite, pocha la cebolla picada. Agrega una cucharada de harina. Rehoga y, sin dejar de remover, añade cuatro cazos del caldo de cocer las alcachofas. Incorpora las almejas para que se abran, añade las alcachofas cortadas en mitades y espolvorea con perejil picado.

Acto seguido, en una sartén con un poco de aceite, saltea los calamares, limpios y sazonados, con un diente de ajo entero. Añade estos calamares salteados a la cazuela con las alcachofas con almejas y sirve.

ALCACHOFAS CON CALABAZA

Ingredientes

16 alcachofas • 200 g de calabaza rosa • 1 cebolleta • 1 diente de ajo • perejil picado • sal • aceite • harina • agua • 2 limones

ELABORACION

Limpia las alcachofas y cuécelas en agua con limón, sal y una cucharada de harina. Estarán media hora cociendo.

En una cazuela con aceite sofríe la cebolleta cortada en juliana y el ajo. Agrega los trozos de calabaza y parte del caldo donde has cocido las alcachofas y deja cocer 15 minutos. Cuando veas que la calabaza está tierna, añade las alcachofas cortadas en mitades. Echa, por último, perejil picado y mantén a fuego lento otros 5 minutos. Sirve caliente.

- Diabetes
- Estreñimiento
- Hipertensión arterial
- Insuficiencia renal
- Obesidad
- Osteoporosis
- Colesterol

Plato muy recomendado para todo tipo de persona, tanto sana como enferma. Consumo a diario. Precaución en pacientes hipertensos con el consumo de sal.

POR PERSONA

Calorías totales: 349 kcal
Proteínas: 15 g (17%)
Hidratos de carbono: 58,6 g (67%)
Grasas totales: 6,4 g (17%)
Saturada: 1,8%
Monoinsaturada: 9,3%
Poliinsaturada: 1,3%
Colesterol: 0 mg
Fibra alimentaria: 8,1 g
Calcio: 194,1 mg
Hierro: 0,3 mg
Potasio: 1.410,4 mg
Sodio: 342 mg

Berenjenas con guisantes

Ingredientes

2 berenjenas • 1/2 kg de guisantes pelados • 1 ó 2 tomates • 1 cuch. de harina • 2 dientes de ajo picados • sal • aceite • agua

Para acompañar: puré de judías verdes

- Diabetes
- Estreñimiento
- Hipertensión arterial
- Insuficiencia renal
- Obesidad
- Osteoporosis
- Colesterol

Plato saludable y recomendado para cualquier persona, a excepción de quienes padezcan insuficiencia renal.

POR PERSONA

Calorías totales: 219 kcal
Proteínas: 9,9 g (18%)
Hidratos de carbono: 31,6 g (58%)
Grasas totales: 5,8 g (24%)
Saturada: 2,9%
Monoinsaturada: 14,8%
Poliinsaturada: 2,1%
Colesterol: 0 mg
Fibra alimentaria: 8,9 g
Calcio: 46 mg
Hierro: 3,1 mg
Potasio: 691 mg
Sodio: 11 mg

Elaboracion

Corta las berenjenas por la mitad, sazona y ásalas con un poco de aceite en el horno a 180 grados durante 10 minutos. Saca la carne y resérvala, así como su piel.

Cuece los guisantes en agua hirviendo con sal durante 20 minutos, aproximadamente, y resérvalos. Reserva también el caldo.

En una cazuela dora el ajo con un poco de aceite, añade la harina rehogando y, después, la carne de las berenjenas picada y los guisantes. Mézclalo todo bien y agrega un vaso del caldo de los guisantes para que no quede muy espeso. Rehógalo todo durante unos minutos.

Rellena las berenjenas, cúbrelas con unas rodajas de tomate pelado y métalas al horno fuerte durante 5 minutos. Sírvelas acompañadas de puré de judías verdes y rociadas por encima con un chorro de aceite de oliva crudo.

BERENJENAS RELLENAS DE BACALAO

Ingredientes

4 berenjenas medianas • 200 g de bacalao desmigado y desalado • 2 cebolletas o cebollas • salsa de tomate • 1 sobre de queso parmesano • aceite • sal

- Diabetes
- Estreñimiento
- Hipertensión arterial
- Insuficiencia renal
- Obesidad
- Osteoporosis
- Colesterol

Plato hipercalórico y con alto contenido en grasa.
Se puede consumir en celebraciones esporádicas, aunque está especialmente contraindicado en pacientes obesos o con problemas de colesterol.

POR PERSONA

Calorías totales: 435 kcal
Proteínas: 37,6 g (34%)
Hidratos de carbono: 19,5 g (18%)
Grasas totales: 23,2 g (48%)
Saturada: 22%
Monoinsaturada: 19,9%
Poliinsaturada: 2,7%
Colesterol: 75 mg
Fibra alimentaria: 6,2 g
Calcio: 738 mg
Hierro: 1,4 mg
Potasio: 808 mg
Sodio: 1.508 mg

ELABORACION

Limpia y corta las berenjenas a lo largo, haz unas incisiones con un cuchillo, sálalas y rocíalas con un poquito de aceite. Mételas en el horno unos 20 minutos. Después, quítales la carne y reserva.

Pica las cebolletas y ponlas a pochar; después, añade el bacalao y rehógalo bien. A continuación, agrega la carne de las berenjenas y vuelve a rehogar durante unos minutos.

Por último, añade el tomate y rellena con esta masa las berenjenas. Cúbrelas con queso y gratínalas durante unos 3 minutos aproximadamente.

Boronia

Ingredientes

1 kg de calabaza • 1/4 kg de garbanzos • 1 pimiento verde • 1 cebolla o cebolleta • 1 hoja de laurel • 1 tomate • 1 diente de ajo • 1 cuch. de pimentón dulce o picante • aceite • sal • agua • unas rebanadas de pan

- Diabetes
- Estreñimiento
- Hipertensión arterial
- Insuficiencia renal
- Obesidad
- Osteoporosis
- Colesterol

Plato muy recomendado. Se debe combinar con un segundo plato hipocalórico. No indicado en pacientes obesos.

POR PERSONA

Calorías totales: 435 kcal
Proteínas: 18,3 g (17%)
Hidratos de carbono: 72,7 g (67%)
Grasas totales: 9,3 g (19%)
- Saturada: 1,4%
- Monoinsaturada: 7,4%
- Poliinsaturada: 1,03%

Colesterol: 0 mg
Fibra alimentaria: 11,6 g
Calcio: 261,1 mg
Hierro: 6,7 mg
Potasio: 1.468,5 mg
Sodio: 58 mg

Elaboracion

Cuece los garbanzos —que habrás puesto en remojo la víspera— en agua hirviendo con sal durante 45 minutos aproximadamente. Cuando estén casi a punto, añade la calabaza en trozos.

En una sartén haz un sofrito con el ajo, la cebolla, el pimiento y el tomate picados junto con el laurel y sazona. Cuando esté pochado, agrega el pimentón rehogándolo y añádeselo todo a los garbanzos. Deja que se haga unos 10 minutos y sirve.

Acompaña este plato con unas rebanadas de pan frito en aceite bien caliente.

Calabacines rellenos de gambas

Ingredientes

2 calabacines • 200 g de colas de gambas • salsa de tomate • 3 dientes de ajo • 1/2 copa de brandy • aceite • sal • 3 costrones de pan de molde frito

- Diabetes
- Estreñimiento
- Hipertensión arterial
- Insuficiencia renal
- Obesidad
- Osteoporosis
- Colesterol

Plato saludable y recomendado para el consumo por parte de cualquier persona, tanto sana como enferma, excepto para quienes tengan insuficiencia renal o ácido úrico elevado.

POR PERSONA

Calorías totales: 187 kcal
Proteínas: 13,5 g (29%)
Hidratos de carbono: 15,7 g (34%)
Grasas totales: 6,7 g (32%)
  Saturada: 5,8%
  Monoinsaturada: 19,3%
  Poliinsaturada: 3,4%
Colesterol: 75 mg
Fibra alimentaria: 1,9 g
Calcio: 99 mg
Hierro: 2,1 mg
Potasio: 577 mg
Sodio: 301 mg

Elaboracion

Corta los extremos de los calabacines y pártelos por la mitad. Vacíalos, pero dejando un fondo. Pocha la carne de los calabacines a fuego suave con un poco de aceite y sal. Cuando esté hecho, resérvalo.

Saltea las colas de las gambas con los dientes de ajo. Cuando estén doradas, flambéalas con el brandy y, al apagar, añade el tomate. Sazona y añade los panes fritos y la carne de los calabacines. Mézclalo todo bien. Rellena los calabacines con el salteado y colócalos en una placa de horno.

Por último, gratina durante 5 minutos y sírvelos acompañados con salsa de tomate.

Cardo con almejas

Ingredientes

1 kg de cardo • 1/2 kg de almejas • 1 cebolleta • 1 diente de ajo • 1 limón • harina • aceite de oliva • sal • perejil picado • 2 huevos cocidos

- Diabetes
- Estreñimiento
- Hipertensión arterial
- Insuficiencia renal
- Obesidad
- Osteoporosis
- Colesterol

Plato muy recomendado especialmente para pacientes obesos, con insuficiencia renal o con osteoporosis. No recomendado a personas con colesterol.

POR PERSONA

Calorías totales: 279 kcal
Proteínas: 22,5 g (32%)
Hidratos de carbono: 26,5 g (38%)
Grasas totales: 9,6 g (31%)
- Saturada: 5,2%
- Monoinsaturada: 15,2%
- Poliinsaturada: 2,6%

Colesterol: 188,5 mg
Fibra alimentaria: 3,3 g
Calcio: 439,5 mg
Hierro: 5,7 mg
Potasio: 160,8 mg
Sodio: 35 mg

Elaboracion

Limpia bien el cardo y trocéalo. A continuación, cuécelo en agua hirviendo con limón y sal.

Aparte, pica muy fina la cebolleta y el ajo. Pocha en una sartén con aceite. Después, agrega dos cucharadas de harina y remueve bien. Añade el caldo de cardo y deja cocer un par de minutos. Cuando la salsa haya espesado, incorpora el caldo ya cocido.

En una sartén con un poco de aceite abre las almejas y extrae su carne. Echa ésta a la cazuela con el cardo y cuece a fuego suave durante 5 minutos. Transcurrido este tiempo, prueba y rectifica de sal. Antes de servir, espolvorea con perejil y añade los huevos picados.

CARPACCIO VEGETAL

Ingredientes

200 g de calabacines • 1 ajo picado • 1 tomate • 1 cebolleta • 1 zanahoria • 2 cuch. de alcaparras • 1 limón en zumo • aceite • sal • pimienta

- Diabetes
- Estreñimiento
- Hipertensión arterial
- Insuficiencia renal
- Obesidad
- Osteoporosis
- Colesterol

Plato muy recomendado para consumo diario.
Especialmente indicado para obesos o con problemas de colesterol.
Debe ser consumido esporádicamente por personas con insuficiencia renal.

POR PERSONA

Calorías totales: 193 kcal
Proteínas: 7,7 g (16%)
Hidratos de carbono: 5,8 g (57%)
Grasas totales: 5,8 g (27%)
Saturada: 3,3%
Monoinsaturada: 16,8%
Poliinsaturada: 2,3%
Colesterol: 0 mg
Fibra alimentaria: 7,2 g
Calcio: 60,3 mg
Hierro: 3 mg
Potasio: 825,5 mg
Sodio: 47 mg

ELABORACION

Con un pelapatatas corta a lo largo los calabacines y la zanahoria y colócalos en un plato hondo. Corta el tomate en finas rodajas, pica la cebolleta en juliana y colócalos también en el plato. Adereza todo con ajo picado, el zumo de limón, el aceite, la sal, la pimienta y las alcaparras. Deja macerar y sirve. Puedes servirlo como plato solo o bien como complemento.

CHAMPIÑONES EN SALSA DE VINO

Ingredientes

1 cebolla • 1 diente de ajo • 800 g de champiñones • un trocito de guindilla picante • 1 1/2 cuch. de harina • 1 vaso de vino blanco • 8 rebanadas de pan frito • perejil picado • aceite • sal

- Diabetes
- Estreñimiento
- Hipertensión arterial
- Insuficiencia renal
- Obesidad
- Osteoporosis
- Colesterol

Plato muy saludable y recomendado para el consumo por cualquier persona, a excepción de quienes padezcan insuficiencia renal. Está especialmente recomendado para personas obesas, con problemas de colesterol, hipertensas o que sufran de estreñimiento.

POR PERSONA

Calorías totales: 191 kcal
Proteínas: 7,2 g (15%)
Hidratos de carbono: 25,9 g (54%)
Grasas totales: 5,9 g (28%)
Saturada: 3,3%
Monoinsaturada: 17%
Poliinsaturada: 2,8%
Colesterol: 0 mg
Fibra alimentaria: 7,2 g
Calcio: 46 mg
Hierro: 2,3 mg
Potasio: 1.056 mg
Sodio: 123 mg

ELABORACION

Pica finamente la cebolla y el ajo y pon a rehogar en una cazuela con aceite. Añade los champiñones (limpios) enteros, la guindilla, la harina y el vino blanco. Sazona y espolvorea con el perejil. Deja cocer a fuego lento durante 30-45 minutos.

Presenta sobre rebanadas de pan frito en aceite y salsea.

Col con patatas

Ingredientes

700 g de patatas pequeñas • 1/2 kg de col • 1 cebolleta • 1 cuch. de pimentón • carne de pimientos choriceros • un puñado de almendras • aceite • sal fina y gorda • perejil picado • 2 dientes de ajo • agua

- Diabetes
- Estreñimiento
- Hipertensión arterial
- Insuficiencia renal
- Obesidad
- Osteoporosis
- Colesterol

Plato saludable y recomendado para cualquier tipo de personas, a excepción de quienes padezcan insuficiencia renal.

POR PERSONA

Calorías totales: 306 kcal
Proteínas: 9,1 g (12%)
Hidratos de carbono: 42,1 g (55%)
Grasas totales: 12,6 g (37%)
- Saturada: 7,6%
- Monoinsaturada: 21,6%
- Poliinsaturada: 3,8%

Colesterol: 11 mg
Fibra alimentaria: 7,5 g
Calcio: 99 mg
Hierro: 2,4 mg
Potasio: 607 mg
Sodio: 36 mg

Elaboracion

Limpia las patatas de tierra y ponlas a cocer en una cazuela con agua y sal durante 20 o 30 minutos a fuego suave. Limpia la col, córtala en tiras y ponla a cocer en una cocedera con agua hirviendo y sal a fuego suave durante 20 minutos, cuidando de que no quede muy cocida.

Rehoga en una sartén con aceite la col escurrida junto con un diente de ajo pelado y fileteado. Sazona con sal gorda. Pela las patatas y haz lonchas. Pocha en una sartén con aceite la cebolleta picada y un diente de ajo en láminas; cuando estén dorados y fuera del fuego, añade el pimentón y la carne de pimiento choricero. Rehoga y agrega las patatas, el perejil picado y las almendras. Déjalo 4 ó 5 minutos a fuego lento. Espolvorea el repollo con perejil picado.

Por último, sirve en el centro de una fuente la col y las patatas en los costados. Adorna con un chorro de aceite de oliva por encima.

Coles de bruselas gratinadas

Ingredientes

600 g de coles de Bruselas • agua • sal • aceite • 1 cuch. de harina • 2 vasos de caldo de ave • nuez moscada • 4 pimientos del piquillo en tiras • perejil picado

- Diabetes
- Estreñimiento
- Hipertensión arterial
- Insuficiencia renal
- Obesidad
- Osteoporosis
- Colesterol

Plato saludable y recomendado para el consumo por parte de cualquier persona, tanto sana como enferma, a excepción de quienes padezcan insuficiencia renal.

POR PERSONA

Calorías totales: 154 kcal
Proteínas: 6,9 g (18%)
Hidratos de carbono: 17,3 g (45%)
Grasas totales: 6,4 g (38%)
  Saturada: 4,1%
  Monoinsaturada: 21%
  Poliinsaturada: 2,9%
Colesterol: 0 mg
Fibra alimentaria: 4,9 g
Calcio: 51 mg
Hierro: 2,2 mg
Potasio: 662 mg
Sodio: 145 mg

Elaboracion

Cuece las coles en una vaporera con agua y sal. Cuando estén tiernas, sácalas y escúrrelas bien. Haz una velouté con la harina, aceite (rehogando) y el caldo de ave. Sala y añade la nuez moscada.

Coloca en una tartera de horno las coles y rocía con la velouté. Pon encima las tiras de pimiento y espolvorea con perejil picado.

Gratínalo durante unos 3 ó 4 minutos y sirve.

COLIFLOR CON SALSA DE PIMENTON

Ingredientes

1 coliflor • 1 cuch. de harina • 4 dientes de ajo • 1 cuch. de pimentón • sal • agua • aceite • 1 pimiento verde • perejil picado

- Diabetes
- Estreñimiento
- Hipertensión arterial
- Insuficiencia renal
- Obesidad
- Osteoporosis
- Colesterol

Plato saludable y recomendado para cualquier tipo de personas, a excepción de quienes padezcan insuficiencia renal.

POR PERSONA

Calorías totales: 133 kcal
Proteínas: 5,8 g (17%)
Hidratos de carbono: 15,5 g (47%)
Grasas totales: 5,5 g (37%)
- Saturada: 4,7%
- Monoinsaturada: 24,4%
- Poliinsaturada: 3,4%

Colesterol: 0 mg
Fibra alimentaria: 4,4 g
Calcio: 47 mg
Hierro: 2,3 mg
Potasio: 635 mg
Sodio: 48 mg

ELABORACION

Corta la coliflor en ramilletes y cuécela en agua hirviendo con sal y un chorro de aceite. Una vez cocida, escurre y resérvala al calor. Reserva también un vaso del caldo donde has cocido la coliflor.

En una sartén con aceite dora el ajo fileteado, añade el pimentón y rehoga fuera del fuego. Después, agrega la harina y el caldo, mezclando bien. Y ya en el fuego, deja que hierva y reduzca unos minutos.

Coloca la coliflor en una fuente y salsea.

Por último, adorna el plato con el pimiento verde frito en aros y perejil picado.

ENDIBIAS GRATINADAS CON MEJILLONES

Ingredientes

12 endibias • 3 cebolletas • 2 puerros (sólo lo blanco) • 12 mejillones • sal • agua • 1/2 litro de bechamel

- Diabetes
- Estreñimiento
- Hipertensión arterial
- Insuficiencia renal
- Obesidad
- Osteoporosis
- Colesterol

Plato muy recomendable para cualquier tipo de persona, tanto sana como enferma. Consumo esporádico en personas con insuficiencia renal.

POR PERSONA

Calorías totales: 258 kcal
Proteínas: 18,6 g (29%)
Hidratos de carbono: 22,5 g (35%)
Grasas totales: 10,4 g (36%)
- Saturada: 10%
- Monoinsaturada: 10%
- Poliinsaturada: 16%

Colesterol: 45 mg
Fibra alimentaria: 4,5 g
Calcio: 390 mg
Hierro: 9,3 mg
Potasio: 1.116,5 mg
Sodio: 561 mg

ELABORACION

En primer lugar, cuece las cebolletas, los puerros y las endibias durante veinte minutos. No olvides poner sal en el agua. Una vez cocidos los tres ingredientes, procede a cortar por la mitad las endibias y colócalas en una fuente resistente al calor.

Pon las cebolletas y los puerros, una vez que los hayas cortado en juliana, encima de las endibias.

Aparte, en el agua de cocer las verduras, echa los mejillones y cuécelos. Una vez cocido el marisco, pícalo menudito y ponlo encima de las verduras.

Por último, napa o cubre con una bechamel ligera y mete en el horno a gratinar de 2 a 4 minutos.

ESCALIVADA

Ingredientes

1 kg de berenjenas • 1 kg de tomates • 1 kg de pimientos rojos • 1 kg de cebollas • aceite • vinagre • sal gorda

- Diabetes
- Estreñimiento
- Hipertensión arterial
- Insuficiencia renal
- Obesidad
- Osteoporosis
- Colesterol

Plato muy saludable y recomendable para cualquier persona, a excepción de pacientes con insuficiencia renal.

ELABORACION

Quítale los rabos a las berenjenas. Pon en un trozo de papel de aluminio una cebolla, un chorro de aceite de oliva y sal y haz un paquetito. Repite la misma operación con los tomates, los pimientos rojos y las berenjenas. Colócalos en una placa y hornéalos durante una hora a unos 180 grados. Transcurrido este tiempo, deja templar y pela las berenjenas, los pimientos y los tomates. Corta todo en tiras, coloca en una fuente todas las verduras, cada una por su lado, y aliña con sal gorda, aceite y vinagre.

POR PERSONA

Calorías totales: 345 kcal
Proteínas: 12,3 g (14%)
Hidratos de carbono: 58,3 g (68%)
Grasas totales: 7,3 g (19%)
Saturada: 1,8%
Monoinsaturada: 9,4%
Poliinsaturada: 1,3%
Colesterol: 0 mg
Fibra alimentaria: 13,8 g
Calcio: 160 mg
Hierro: 5 mg
Potasio: 2.165 mg
Sodio: 42,8 mg

ESPARRAGOS BLANCOS Y VERDES A LA PLANCHA

Ingredientes

8 espárragos blancos • agua • sal • aceite • 1/2 limón • 8 espárragos verdes

Para la vinagreta: 2 cuch. de vinagre • 4 cuch. de aceite • 1 huevo cocido • 1 tomate • sal

- Diabetes
- Estreñimiento
- Hipertensión arterial
- Insuficiencia renal
- Obesidad
- Osteoporosis
- Colesterol

Plato muy saludable por su escaso contenido calórico y su proporción de grasa, fundamentalmente a base de ácidos grasos monoinsaturados, por lo que es recomendable para cualquier persona sin límite de consumo.

POR PERSONA

Calorías totales: 123 kcal
Proteínas: 2,1 g (7%)
Hidratos de carbono: 3,3 g (11%)
Grasas totales: 11,2 g (82%)
Saturada: 12,3%,
Monoinsaturada: 55,6%
Poliinsaturada: 7,3%
Colesterol: 50,4 mg
Fibra alimentaria: 0,4 g
Calcio: 15,9 mg
Hierro: 0,4 mg
Potasio: 114,6 mg
Sodio: 80,4 mg

ELABORACION

Pela los espárragos blancos y cuécelos en agua caliente con sal y el zumo de medio limón durante 30 minutos. Escurre y reserva.

Limpia y quita las partes duras de los espárragos verdes y ponlos a cocer en agua caliente con sal durante 10 minutos. Escurre y reserva.

Haz una vinagreta con el aceite, el vinagre, el huevo cocido y picado y el tomate, también picado. Sala y bate con una cuchara.

Pon a la plancha todos los espárragos de 2 a 4 minutos por cada lado con un chorrito de aceite. Sácalos al plato y rocíalos con la vinagreta antes de servir.

En caso de no disponer de plancha, ponlos a gratinar en el horno.

ESPINACAS CON GAMBAS

Ingredientes

1 kg de espinacas • 200 g de gambas • aceite • 1 ajo • 2 cuch. de salsa de tomate • 1/2 vaso de nata líquida

ELABORACION

En primer lugar, limpia bien las espinacas y ponlas a cocer en abundante agua con sal. Escúrrelas bien y pícalas un poquito. Aparte, fríe el ajo cortado en láminas. Cuando esté doradito, añade las gambas a la sartén y fríelas por espacio de 2 a 3 minutos. A continuación, agrega las espinacas y saltéalas. Hecho esto, ya sólo te queda incorporar la nata y el tomate. Mezcla bien y deja a fuego lento durante 4 minutos. Listo para servir.

- Diabetes
- Estreñimiento
- Hipertensión arterial
- Insuficiencia renal
- Obesidad
- Osteoporosis
- Colesterol

Plato especialmente recomendado para el consumo por parte de personas obesas, diabéticas, con osteoporosis, que sufran de estreñimiento o con anemia por falta de hierro. Deben consumirlo esporádicamente las personas con problemas de colesterol, con insuficiencia renal o con hipertensión.

POR PERSONA

Calorías totales: 213 kcal
Proteínas: 18,9 g (36%)
Hidratos de carbono: 10,9 g (21%)
Grasas totales: 10,5 g (44%)
Saturada: 12,3%
Monoinsaturada: 19,9%
Poliinsaturada: 3%
Colesterol: 86 mg
Fibra alimentaria: 15,1 g
Calcio: 221 mg
Hierro: 6 mg
Potasio: 1.377 mg
Sodio: 502 mg

GUISANTES CON ESPARRAGOS

Ingredientes

600 g de guisantes desgranados • 8 espárragos cocidos • 2 patatas • 2 cebolletas • 2 dientes de ajo • harina • huevo batido • aceite • agua • sal

- Diabetes
- Estreñimiento
- Hipertensión arterial
- Insuficiencia renal
- Obesidad
- Osteoporosis
- Colesterol

Plato especialmente recomendado para el consumo por parte de personas obesas, hipertensas, con problemas de colesterol o que sufran de estreñimiento.
Deben tomarlo esporádicamente quienes padezcan insuficiencia renal.

POR PERSONA

Calorías totales: 255 kcal
Proteínas: 12,1 g (19%)
Hidratos de carbono: 35,6 g (56%)
Grasas totales: 7,1 g (25%)
  Saturada: 4%
  Monoinsaturada: 14,5%
  Poliinsaturada: 2,1%
Colesterol: 50 mg
Fibra alimentaria: 9 g
Calcio: 63 mg
Hierro: 3,6 mg
Potasio: 553 mg
Sodio: 22 mg

ELABORACION

En una cazuela con un poco de aceite pocha las cebolletas picadas y sazona. Rehoga los guisantes y cubre con agua. Deja cocer 30-35 minutos.
Parte los espárragos por la mitad y rebózalos en harina y huevo batido. Fríelos en una sartén con aceite y reserva.
En otra sartén con aceite pon los ajos en láminas. A continuación, echa una cucharada de harina y rehoga. Vierte los guisantes, ya cocidos, y las patatas, también cocidas, peladas y troceadas. Mezcla bien y por último incorpora los espárragos.

Habas frescas guisadas

Ingredientes

800 g de habas frescas • 200 g de carne de ternera picada • 1 cebolleta • 2 ajos tiernos • 1/2 pimiento rojo • 1 cuch. de harina • 1 cuch. de carne de pimiento choricero • 1/2 cuch. de nuez moscada • aceite de oliva • agua • sal

- Diabetes
- Estreñimiento
- Hipertensión arterial
- Insuficiencia renal
- Obesidad
- Osteoporosis
- Colesterol

Plato saludable y recomendado para cualquier persona, tanto sana como enferma, a excepción de las que padecen insuficiencia renal.
Especialmente recomendado para quienes sufren de estreñimiento.

POR PERSONA

Calorías totales: 229 kcal
Proteínas: 12,5 g (22%)
Hidratos de carbono: 31,7 g (55%)
Grasas totales: 5,8 g (23%)
Saturada: 3,1%
Monoinsaturada: 14,2%
Poliinsaturada: 3,1%
Colesterol: 0 mg
Fibra alimentaria: 9,9 g
Calcio: 76 mg
Hierro: 4,8 mg
Potasio: 553 mg
Sodio: 44 mg

Elaboracion

Pon a cocer las habas con agua y sal de 25 a 30 minutos.
Aparte, haz un sofrito con la cebolleta, los ajos tiernos, el pimiento rojo y la carne, todo picado. Añade una cucharada de harina y rehoga. Agrega también una cucharada de carne de pimiento choricero. A continuación, incorpora las habas cocidas y escurridas. Saltéalo todo junto con una pizca de nuez moscada y déjalo hacer durante 5 minutos. Sirve.

JUDIAS VERDES A LA ANDALUZA

Ingredientes

700 g de judías verdes • 1 pimiento choricero (ñoras) • 2 cuch. de aceite • 1 rebanada de pan del día anterior • 2 dientes de ajo • sal • agua • pimienta

- Diabetes
- Estreñimiento
- Hipertensión arterial
- Insuficiencia renal
- Obesidad
- Osteoporosis
- Colesterol

Plato muy saludable y recomendable para cualquier persona. Especialmente indicado para obesos y personas con ácido úrico elevado. Deben consumirlo esporádicamente las personas con insuficiencia renal.

POR PERSONA

Calorías totales: 181 kcal
Proteínas: 6,5 g (14%)
Hidratos de carbono: 26,3 g (58%)
Grasas totales: 5,6 g (28%)
  Saturada: 3,5%
  Monoinsaturada: 17,9%
  Poliinsaturada: 2,5%
Colesterol: 0 mg
Fibra alimentaria: 6,6 g
Calcio: 139,3 mg
Hierro: 2 mg
Potasio: 568 mg
Sodio: 107,8 mg

ELABORACION

Cuece las judías en agua con sal. Escúrrelas y reserva. Escalda el pimiento choricero, sácale con cuidado la carne y ponla en el mortero.

En una sartén con aceite sofríe los dientes de ajo y agrégalos también al mortero. Después, sofríe el pan y añádelo al mortero junto con los ajos y la carne del pimiento choricero y agrega un poco de agua y pimienta. Májalo todo bien, hasta que te quede una salsa ligada.

En la misma sartén en que has frito los ajos y el pan saltea las judías verdes ya cocidas. Una vez realizada esta operación, pon las judías en una fuente y rocíalas con la salsa que has preparado en el mortero.

Ingredientes

200 g de judías • agua • sal • 1 cebolleta • 2 dientes de ajo • 1 cuch. de pimentón • 1 puñado de piñones tostados • aceite

- Diabetes
- Estreñimiento
- Hipertensión arterial
- Insuficiencia renal
- Obesidad
- Osteoporosis
- Colesterol

Plato saludable y recomendado para el consumo por cualquier persona, sana o enferma, sin limitación.

ELABORACION

Cuece las judías en una cocedera con agua y sal. Cuando estén cocidas, escúrrelas y colócalas en una fuente de servir.

En una sartén con aceite, sofríe la cebolleta junto con los dos dientes de ajo. Echa el pimentón, rehoga y retíralo del fuego. Vierte el sofrito encima de las judías y sírvelas espolvoreadas con los piñones por encima.

POR PERSONA

Calorías totales: 143 kcal
Proteínas: 3,2 g (9%)
Hidratos de carbono: 7,7 g (22%)
Grasas totales: 11,1 g (70%)
- Saturada: 8,2%
- Monoinsaturada: 27,7%
- Poliinsaturada: 25,2%

Colesterol: 0 mg
Fibra alimentaria: 2,5 g
Calcio: 53 mg
Hierro: 0,7 mg
Potasio: 210 mg
Sodio: 4 mg

MENESTRA DE VERDURAS

Ingredientes

4 zanahorias • 100 g de acelgas • 1/2 kg de guisantes • 100 g de habas • 1/2 cuch. de harina • 4 puerros • 100 g de espinacas • 300 g de judías verdes • aceite de oliva • agua y sal

- Diabetes
- Estreñimiento
- Hipertensión arterial
- Insuficiencia renal
- Obesidad
- Osteoporosis
- Colesterol

Plato especialmente recomendado para el consumo por parte de personas obesas, con hipertensión, con problemas de colesterol, diabéticas o que sufran de estreñimiento. Deben consumirlo esporádicamente personas con insuficiencia renal.

POR PERSONA

Calorías totales: 278 kcal
Proteínas: 14,1 g (20%)
Hidratos de carbono: 41 g (59%)
Grasas totales: 6,4 g (21%)
Saturada: 2,3%
Monoinsaturada: 11,7%
Poliinsaturada: 1,6%
Colesterol: 0 mg
Fibra alimentaria: 14 g
Calcio: 192 mg
Hierro: 6 mg
Potasio: 1.135 mg
Sodio: 110 mg

ELABORACION

Cuece todo por separado en agua y sal. Trocea bien todas las verduras. En un recipiente pon aceite y, cuando esté caliente, añade la harina y el caldo de la cocción de las verduras. Irás agregando este caldo poco a poco. Después, añade las verduras. Pon todo a punto de sal y deja cocer durante 10 minutos.

Menestra de verduras rebozadas

Ingredientes

4 alcachofas • 8 espárragos • 1/2 coliflor • 200 g de habas desgranadas • 200 g de guisantes desgranados • 200 g de espinacas • 4 zanahorias • harina y huevo batido para rebozar • medio sobre de levadura • 2 cuch. de harina • agua • sal • aceite • perejil picado

Elaboracion

Limpia y cuece las verduras, por separado, en agua con sal y un chorro de aceite. Una vez cocidas, escurre y reserva. Guarda también el caldo de cocer las alcachofas.

En una cazuela con aceite rehoga dos cucharadas de harina y mójalo con dos vasos del caldo de cocer las alcachofas, removiendo hasta que ligue. Añade también los guisantes, las habas y la zanahoria troceada.

Reboza el resto de la verdura, excepto los espárragos, pasándola por harina con levadura y huevo batido: la coliflor en ramos, las alcachofas en mitades y las espinacas en bolitas. Fríe en aceite bien caliente, escurre y añádeselo al resto de la menestra. Agrega también los espárragos y guísalo a fuego lento durante 5 minutos, aproximadamente. Sirve espolvoreado con perejil picado.

- Diabetes
- Estreñimiento
- Hipertensión arterial
- Insuficiencia renal
- Obesidad
- Osteoporosis
- Colesterol

Plato saludable y recomendado para cualquier persona, a excepción de quienes tengan insuficiencia renal. Está especialmente recomendado para quienes sufren de estreñimiento o padezcan osteoporosis.

POR PERSONA

Calorías totales: 280 kcal
Proteínas: 14,6 g (21%)
Hidratos de carbono: 38,9 g (56%)
Grasas totales: 7,5 g (24%)
Saturada: 3,5%
Monoinsaturada: 13,2%
Poliinsaturada: 2,3%
Colesterol: 50 mg
Fibra alimentaria: 12,2 g
Calcio: 140 mg
Hierro: 4,9 mg
Potasio: 1.229 mg
Sodio: 144 mg

Pochas con almejas

Ingredientes

1/2 kg de pochas • 1/2 kg de almejas • 2 dientes de ajo • aceite y sal • perejil

- Diabetes
- Estreñimiento
- Hipertensión arterial
- Insuficiencia renal
- Obesidad
- Osteoporosis
- Colesterol

Plato especialmente recomendado para personas que sufren de estreñimiento, con problemas de colesterol, con osteoporosis o con anemia por falta de hierro. Deben consumirlo esporádicamente pacientes con insuficiencia renal, obesos y personas con ácido úrico elevado.

POR PERSONA

Calorías totales: 526 kcal
Proteínas: 37,8 g (29%)
Hidratos de carbono: 76,1 g (58%)
Grasas totales: 8 g (14%)
  Saturada: 1,2%
  Monoinsaturada: 6,2%
  Poliinsaturada: 1%
Colesterol: 63 mg
Fibra alimentaria: 8,8 g
Calcio: 330 mg
Hierro: 9,9 mg
Potasio: 1.303 mg
Sodio: 50 mg

Elaboracion

Cuece las pochas en agua con un poco de sal, media hora aproximadamente. Cuando estén cocidas, escurre y resérvalas. En una sartén aparte pon un poco de aceite y saltea las almejas con los dientes de ajo picados. Cuando las almejas se estén abriendo, añade las pochas ya cocidas. Deja cocer todo unos 3 minutos. Por último, espolvorea con perejil picado y sirve.

PUERROS CON SALSA ROMESCO

Ingredientes

• 8 puerros grandes cocidos •

Para la salsa: 3 dientes de ajo • un trocito de guindilla • 1 cuch. de pimentón • 1 pimiento choricero o 2 ñoras • 1 tomate grande maduro • 90 g de miga de pan tierno • aceite • sal• perejil

- Diabetes
- Estreñimiento
- Hipertensión arterial
- Insuficiencia renal
- Obesidad
- Osteoporosis
- Colesterol

Plato especialmente recomendado para el consumo por personas obesas, hipertensas, con problemas de colesterol, diabéticas o que sufran de estreñimiento.
Deben consumirlo con moderación las personas con insuficiencia renal.

POR PERSONA
Calorías totales: 174 kcal
Proteínas: 5 g (11%)
Hidratos de carbono: 25,3 g (58%)
Grasas totales: 5,8 g (30%)
  Saturada: 3,6%
  Monoinsaturada: 18,6%
  Poliinsaturada: 2,6%
Colesterol: 0 mg
Fibra alimentaria: 5,5 g
Calcio: 108 mg
Hierro: 1,8 mg
Potasio: 528 mg
Sodio: 179 mg

ELABORACION

Para preparar la salsa romesco pon en el mortero los ajos picados, un trozo de guindilla, el pimentón, la carne del pimiento choricero (previamente remojado), la carne del tomate maduro pelado y el pan remojado en agua y escurrido. Sazona y machaca bien.
Añade un poco de aceite para aligerar la salsa.
Sirve en un plato llano los puerros cocidos acompañados de la salsa romesco. Decora con una hojita de perejil.

PURE DE CALABAZA CON PICATOSTES

Ingredientes

1/2 kg de calabaza • 1 cebolla • 2 zanahorias • 1 puerro • 2 dientes de ajo • 1 pimiento verde • 1 vasito de salsa de tomate • 2 patatas • unas rebanadas de pan • aceite de oliva • agua • sal

- Diabetes
- Estreñimiento
- Hipertensión arterial
- Insuficiencia renal
- Obesidad
- Osteoporosis
- Colesterol

Plato muy saludable y recomendado para el consumo por parte de cualquier persona.
Está especialmente recomendado para personas obesas, hipertensas o con problemas de colesterol.

POR PERSONA

Calorías totales: 175 kcal
Proteínas: 4,5 g (10%)
Hidratos de carbono: 27,4 g (63%)
Grasas totales: 5,9 g (30%)
Saturada: 4,1%
Monoinsaturada: 19%
Poliinsaturada: 3,1%
Colesterol: 0 mg
Fibra alimentaria: 5,1 g
Calcio: 107 mg
Hierro: 1,4 mg
Potasio: 472 mg
Sodio: 158 mg

ELABORACION

Pica la verdura (cebolla, zanahoria, puerro, pimiento y ajo) y ponla a rehogar en una cazuela con aceite, a fuego lento. Sazona y déjala hacer hasta que se poche.
Pela la calabaza y corta la carne en trozos. Haz lo mismo con las patatas. Cuando la verdura empiece a dorarse, añade la salsa de tomate y a continuación la calabaza y las patatas. Rehógalo todo y añade agua hasta cubrir.
Pon a punto de sal y déjalo cocer de 15 a 20 minutos.
Cuando esté hecho, tritúralo con la batidora y a continuación pásalo por el chino.
Sirve el puré con un chorro de aceite crudo por encima y acompáñalo con unos picatostes de pan frito.

Ingredientes

4 tomates hermosos • 100 g de atún en aceite • 16 aceitunas rellenas • 4 cuch. de mahonesa • 100 g de guisantes cocidos • sal gorda

Diabetes

Estreñimiento

Hipertensión arterial

Insuficiencia renal

Obesidad

Osteoporosis

Colesterol

Plato especialmente recomendado para el consumo por personas obesas, diabéticas, hipertensas o que sufran de estreñimiento.
Deben consumirlo esporádicamente quienes tengan problemas de colesterol o con insuficiencia renal.

POR PERSONA

Calorías totales: 233 kcal
Proteínas: 9,8 g (17%)
Hidratos de carbono: 12,6 g (21%)
Grasas totales: 16,1 g (62%)
- Saturada: 11,6%
- Monoinsaturada: 31,7%
- Poliinsaturada: 9,3%

Colesterol: 40 mg
Fibra alimentaria: 3,9 g
Calcio: 54 mg
Hierro: 2,3 mg
Potasio: 649 mg
Sodio: 462 mg

ELABORACION

Lava y parte por la mitad los tomates, vaciando la pulpa, que luego mezclarás con las aceitunas picadas, el atún desmigado y los guisantes. Después, añade la mahonesa.
Rellena con esta mezcla los huecos de los tomates, que habrás espolvoreado por dentro con sal gorda. Colócalos en una fuente y sirve.

VERDURA SALTEADA CON ALMEJAS

Ingredientes

200 g de judías verdes • 300 g de zanahorias • 200 g de acelgas • 100 g de espinacas • 150 g de setas • 2 dientes de ajo • 1 calamar • 1/4 kg de almejas • aceite • agua • sal

- Diabetes
- Estreñimiento
- Hipertensión arterial
- Insuficiencia renal
- Obesidad
- Osteoporosis
- Colesterol

Plato especialmente recomendado para el consumo por parte de personas obesas, con osteoporosis, hipertensas, con problemas de colesterol, diabéticas o que sufran de estreñimiento.
Deben consumirlo esporádicamente quienes tengan insuficiencia renal.

POR PERSONA

Calorías totales: 211 kcal
Proteínas: 20,7 g (39%)
Hidratos de carbono: 16,8 g (32%)
Grasas totales: 7,1 g (30%)
Saturada: 3%
Monoinsaturada: 15,3%
Poliinsaturada: 2,1%
Colesterol: 33 mg
Fibra alimentaria: 6,4 g
Calcio: 242 mg
Hierro: 5,6 mg
Potasio: 850 mg
Sodio: 114 mg

ELABORACION

Cuece, en una cazuela con agua, sal y un chorro de aceite, toda la verdura bien limpia y troceada durante unos 15 minutos. En otra cazuela con aceite prepara un sofrito con dos ajos fileteados. Cuando estén dorados, añade las setas limpias y en láminas. Sazona y una vez rehogadas incorpora el calamar limpio y en aros. Saltéalo brevemente y echa las verduras bien escurridas sobre el sofrito. Mézclalo todo bien. Aparte, abre las almejas en un poco de agua con sal (al vapor). Sirve la verdura y acompáñala con las almejas y su caldo de cocción.

VERDURAS AL HORNO

Ingredientes

3/4 kg de calabacines • 1/2 kg de berenjenas • 1/2 kg de tomates • 1 hoja de albahaca • orégano • sal • pimienta • aceite • ajo • cebolla • setas

ELABORACION

Lava y corta en rodajas las berenjenas sin pelar. Sala y deja escurrir 30 minutos para que suelten todo el agua. Luego pasa por agua fría y seca. Coloca en una fuente resistente al horno el calabacín en rodajas, luego los tomates, también en rodajas, y por fuera las berenjenas. Rocía con aceite y mete al horno durante 25 minutos a 170 grados. Retira y espolvorea con la albahaca picada y el orégano. También incorpora el refrito que has hecho con la cebolla picada, el ajo y las setas. Puedes acompañar con taquitos de jamón y queso.

- Diabetes
- Estreñimiento
- Hipertensión arterial
- Insuficiencia renal
- Obesidad
- Osteoporosis
- Colesterol

Plato especialmente recomendado para el consumo por parte de personas obesas, con problemas de colesterol, con hipertensión, diabéticas o que sufran de estreñimiento. Deben consumirlo esporádicamente las personas con insuficiencia renal.

POR PERSONA

Calorías totales: 184 kcal
Proteínas: 6,3 g (14%)
Hidratos de carbono: 26,3 g (57%)
Grasas totales: 6,1 g (30%)
Saturada: 3,4%
Monoinsaturada: 17,6%
Poliinsaturada: 2,4%
Colesterol: 0 mg
Fibra alimentaria: 7,7 g
Calcio: 71 mg
Hierro: 3,1 mg
Potasio: 1.497 mg
Sodio: 18 mg

PATATAS

Ensalada de patatas

Ingredientes

pimiento verde • pimiento rojo • 3 ajos • 2 huevos cocidos • 1 tomate • patata cocida • vinagre

- Diabetes
- Estreñimiento
- Hipertensión arterial
- Insuficiencia renal
- Obesidad
- Osteoporosis
- Colesterol

Plato especialmente recomendado para el consumo por parte de personas obesas, con hipertensión o que padezcan insuficiencia renal.
Deben consumirlo esporádicamente pacientes con problemas de colesterol.

Elaboracion

Primero elabora la vinagreta con ajos, pimientos, aceite, sal, vinagre, perejil y huevo duro. A continuación, cuece la patata (25-30 minutos) y córtala en lonchas. Trocea el tomate en rodajas y taquitos. Finalmente, añade la vinagreta sobre la cama de patatas, tomate y huevo cocido. Decora con pimiento rojo.

POR PERSONA

Calorías totales: 125 kcal
Proteínas: 5,7 g (18%)
Hidratos de carbono: 18,6 g (59%)
Grasas totales: 3 g (22%)
 Saturada: 6,5%
 Monoinsaturada: 7,9%
 Poliinsaturada: 2,2%
Colesterol: 126 mg
Fibra alimentaria: 2,5 g
Calcio: 30 mg
Hierro: 1,4 mg
Potasio: 222 mg
Sodio: 37 mg

GUISO DE PATATAS AL CURRY

Ingredientes

350 g de almejas • 3/4 kg de patatas • 1 cebolla • 2 pimientos verdes • 1 tomate • 1 diente de ajo • 1 cuch. de curry• aceite • agua • sal • perejil picado

- Diabetes
- Estreñimiento
- Hipertensión arterial
- Insuficiencia renal
- Obesidad
- Osteoporosis
- Colesterol

Plato muy saludable y recomendado para cualquier tipo de personas, a excepción de aquellas con ácido úrico elevado.

ELABORACION

Pica la cebolla, el pimiento y el tomate y póchalos en una cazuela con aceite y una pizca de sal. A continuación, agrega el curry y rehoga. Incorpora también las patatas peladas y en rodajas. Rehoga de nuevo y cubre con agua. Dale el punto de sal y deja cocer durante 16-18 minutos.

Mientras, en una sartén con aceite bien caliente dora el diente de ajo en láminas. Añade las almejas, tapa la sartén y espera a que éstas se abran. Espolvoréalas con perejil y échalas sobre el guiso de patatas. Por último, mézclalo todo bien, espolvorea con perejil y sirve.

POR PERSONA

Calorías totales: 266 kcal
Proteínas: 13 g (20%)
Hidratos de carbono: 40 g (60%)
Grasas totales: 6 g (20%)
- Saturada: 2,4%
- Monoinsaturada: 12,2%
- Poliinsaturada: 1,7%

Colesterol: 38 mg
Fibra alimentaria: 4,4 g
Calcio: 125 mg
Hierro: 2,5 mg
Potasio: 152 mg
Sodio: 2 mg

PATATAS A LA CAZUELA

Ingredientes

4 patatas • 1 cebolla • 2 tomates• 3 dientes de ajo • perejil picado • unas hebras de azafrán • 1/4 kg de almejas • 1/4 kg de gambas o langostinos • 4 calamares • 1 vaso de vino manzanilla • caldo de pescado • aceite de oliva • sal

- Diabetes
- Estreñimiento
- Hipertensión arterial
- Insuficiencia renal
- Obesidad
- Osteoporosis
- Colesterol

Plato saludable y recomendado para cualquier tipo de persona sin límite de consumo. Sí ha de ser consumido con moderación, de forma excepcional, por personas obesas con y sin problemas de colesterol, pacientes con ácido úrico elevado o con insuficiencia renal.

POR PERSONA

Calorías totales: 353 kcal
Proteínas: 33 g (37%)
Hidratos de carbono: 30,9 g (35%)
Grasas totales: 7,4 g (19%)
Saturada: 2,5%
Monoinsaturada: 9,7%
Poliinsaturada: 1,5%
Colesterol: 120 mg
Fibra alimentaria: 3,3 g
Calcio: 184,6 mg
Hierro: 4,2 mg
Potasio: 338,8 mg
Sodio: 263 mg

ELABORACION

En una cazuela con aceite pocha la cebolla, el tomate y dos dientes de ajo, todo picado. Después agrega los calamares, limpios, enteros y sazonados. Deja que se doren un poquito y moja con el vino. A continuación, añade las patatas peladas y troceadas y cubre con el caldo de pescado. Deja cocer unos 20 minutos y añade las almejas y las gambas o langostinos pelados. Espera unos minutos hasta que se abran las almejas.

Mientras tanto, prepara en un mortero un majado con el perejil, el diente de ajo y las hebras de azafrán. Añádeselo a las patatas, guísalo todo junto durante 3 ó 4 minutos y sirve.

PATATAS CON BACALAO

Ingredientes

1 kg de patatas • 300 g de bacalao desalado • 1 cebolleta o cebolla • 2 cuch. de pimentón • 1 hoja de laurel • 3 dientes de ajo • aceite • agua o caldo de pescado • sal • perejil picado

- Diabetes
- Estreñimiento
- Hipertensión arterial
- Insuficiencia renal
- Obesidad
- Osteoporosis
- Colesterol

Plato muy saludable y recomendado para cualquier persona. Está especialmente indicado para personas con problemas de vesícula y vías biliares.
No debe ser consumido por personas hipertensas y pacientes con insuficiencia cardíaca.

POR PERSONA

Calorías totales: 358 kcal
Proteínas: 25,1 g (28%)
Hidratos de carbono: 51,1 g (57%)
Grasas totales: 5,7 g (14%)
 Saturada: 2%
 Monoinsaturada: 9,1%
 Poliinsaturada: 1,5%
Colesterol: 37,5 mg
Fibra alimentaria: 5,3 g
Calcio: 35,5 mg
Hierro: 1,9 mg
Potasio: 120 mg
Sodio: 2.341,8 mg

ELABORACION

En una cazuela con aceite pon a pochar la cebolla picada y los dientes de ajo fileteados. Añade una hoja de laurel y sazona. Una vez pochado, añade el pimentón y rehoga. Pela las patatas, rómpelas en trozos y rehógalas también. Añade el caldo hasta cubrir y rectifica de sal. Deja cocer 30 minutos aproximadamente. Cuando falten 5 minutos para acabar la cocción, añade el bacalao desalado en trozos. Termina de hacer, añade perejil picado y sirve.

Patatas con gambas y espinacas

Ingredientes

700 g de patatas • 200 g de espinacas • 200 g de gambas peladas • agua • sal • aceite • 2 dientes de ajo

- Diabetes
- Estreñimiento
- Hipertensión arterial
- Insuficiencia renal
- Obesidad
- Osteoporosis
- Colesterol

Plato saludable y recomendable para cualquier tipo de personas sin limitar la cantidad de ocasiones que puede consumirse.
Sí debe estar controlado el consumo en enfermos con ácido úrico elevado y en personas con insuficiencia renal.

POR PERSONA

Calorías totales: 265 kcal
Proteínas: 15,8 g (24%)
Hidratos de carbono: 36,2 g (55%)
Grasas totales: 6,2 g (21%)
Saturada: 3,1%
Monoinsaturada: 12,9%
Poliinsaturada: 2%
Colesterol: 75 mg
Fibra alimentaria: 6,5 g
Calcio: 109,3 mg
Hierro: 3,2 mg
Potasio: 375 mg
Sodio: 243 mg

Elaboracion

Escalda las espinacas bien limpias en una cazuela con agua hirviendo y sal durante un minuto y medio o dos. Escurre y reserva.
En una cazuela con aceite rehoga unos minutos las patatas peladas y en rodajas. Sazona. Después, cubre con agua y déjalo cocer durante 20 ó 25 minutos.
En una sartén con aceite dora los dientes de ajo en láminas. A continuación, saltea las colas de gambas sazonadas y las espinacas de 2 a 3 minutos.
Por último, añade este salteado a la cazuela de las patatas.
Guísalo todo junto un par de minutos y sirve. Puedes presentarlo en una cazuela de barro.

PATATAS CON SALERO

Ingredientes

700 g de patatas • 350 g de pescado (congrio, pescadilla...) • 1 docena de almejas • 2 cebolletas • 1/2 blanco de puerro • 2 dientes de ajo • 1 hoja de laurel • perejil picado • aceite de oliva • agua • sal

- Diabetes
- Estreñimiento
- Hipertensión arterial
- Insuficiencia renal
- Obesidad
- Osteoporosis
- Colesterol

Plato especialmente recomendado para el consumo por parte de personas hipertensas, con insuficiencia renal, que sufran de estreñimiento o con problemas de colesterol. Deben tomarlo esporádicamente las personas obesas o diabéticas.

ELABORACION

En una cazuela con un chorro de aceite pon a pochar la cebolleta, el ajo y el blanco del puerro, todo bien picadito. También, agrega una hoja de laurel y la sal. Cuando esté bien pochado, añade las patatas peladas y troceadas y rehoga bien. Cubre con agua y deja cocer a fuego lento 25 minutos.

Aparte, limpia el pescado, trocéalo y sazona. Cuando falten 5 minutos para que las patatas estén cocidas, agrega el pescado y las almejas abiertas. Espolvorea con perejil picado y deja que se termine de hacer. Pon a punto de sal y sirve.

POR PERSONA

Calorías totales: 311 kcal
Proteínas: 25,7 g (33%)
Hidratos de carbono: 32,3 g (41%)
Grasas totales: 8,2 g (24%)
 Saturada: 2%
 Monoinsaturada: 10,4%
 Poliinsaturada: 1,5%
Colesterol: 23 mg
Fibra alimentaria: 4,3 g
Calcio: 120 mg
Hierro: 2,3 mg
Potasio: 84 mg
Sodio: 10 mg

PATATAS EN SALSA VERDE CON ALMEJAS

Ingredientes

700 g de patatas • 300 g de almejas • 1 cebolleta • 2 dientes de ajo • perejil picado • sal • 1 vaso de caldo de pescado o agua • 1 plato de harina • huevo batido • aceite de oliva

- Diabetes
- Estreñimiento
- Hipertensión arterial
- Insuficiencia renal
- Obesidad
- Osteoporosis
- Colesterol

Plato especialmente recomendado para el consumo por personas obesas, con hipertensión, con insuficiencia renal o que sufran de estreñimiento. Deben consumirlo esporádicamente quienes tengan problemas de colesterol o ácido úrico elevado.

POR PERSONA

Calorías totales: 292 kcal
Proteínas: 14,8 g (20%)
Hidratos de carbono: 40,3 g (55%)
Grasas totales: 8 g (25%)
Saturada: 4%
Monoinsaturada: 13,3%
Poliinsaturada: 2,1%
Colesterol: 113 mg
Fibra alimentaria: 3,9 g
Calcio: 130 mg
Hierro: 2,7 mg
Potasio: 133 mg
Sodio: 151 mg

ELABORACION

Pela las patatas y córtalas en lonchas de 5 cm de espesor. Sazona. Pásalas por harina y huevo y fríelas a fuego muy lento. Reserva. Pica la cebolleta y el ajo y ponlos a pochar en una cazuela con aceite. Cuando esté pochado, añade las almejas y, cuando se abran, una cucharada de harina. Remueve bien, agrega las patatas y el perejil picado y vierte el vaso de caldo. Prueba de sal y deja cocer a fuego lento hasta que estén listas, unos 3 o 4 minutos a partir de que empiece a hervir. Por último, sirve.

PATATAS EN VINAGRETA

Ingredientes

1 kg de patatas • 1 cebolleta • 1 huevo cocido • 8 aceitunas sin hueso • 2 pepinillos en vinagre • 4 ó 5 rabanitos • aceite • sal fina y gorda • vinagre de sidra u otro • perejil picado • agua

Diabetes
Estreñimiento
Hipertensión arterial
Insuficiencia renal
Obesidad
Osteoporosis
Colesterol

Plato especialmente recomendado para el consumo por personas hipertensas, con insuficiencia renal, con problemas de colesterol, obesas o que sufran de estreñimiento. Deben consumirlo esporádicamente las personas diabéticas.

POR PERSONA

Calorías totales: 306 kcal
Proteínas: 7,2 g (9%)
Hidratos de carbono: 50,2 g (66%)
Grasas totales: 8,2 g (24%)
- Saturada: 4,1%
- Monoinsaturada: 15%
- Poliinsaturada: 2,1%

Colesterol: 76 mg
Fibra alimentaria: 5,3 g
Calcio: 54 mg
Hierro: 2,5 mg
Potasio: 85 mg
Sodio: 233 mg

ELABORACION

Cuece las patatas con piel durante 30 minutos. Pasado este tiempo, sácalas del agua y deja que enfríen para poder pelarlas y cortarlas en rodajas. Colócalas en los platos junto con las aceitunas picadas.

Haz un majado con la cebolleta muy picada, los pepinillos, la clara y la yema de huevo, también picados, y aliña con aceite y vinagre de sidra (doble de aceite que de vinagre). Espolvorea con perejil picado.

Limpia los rabanitos y decora el plato donde has colocado las patatas.

Por último, sazona con sal gorda y aliña con la vinagreta.

PATATAS MEDITERRANEAS

Ingredientes

4 patatas medianas • 1 pimiento rojo • 1 ó 2 pimientos verdes asados y pelados • 2 cebolletas • 200 g de bonito en aceite • 8 aceitunas verdes • 4 cuch. de salsa mahonesa • aceite de oliva • vinagre • perejil picado • sal • agua

- Diabetes
- Estreñimiento
- Hipertensión arterial
- Insuficiencia renal
- Obesidad
- Osteoporosis
- Colesterol

Plato que puede ser consumido por cualquier persona, a excepción de las que tengan insuficiencia cardíaca.
También puede ser consumido por personas con insuficiencia renal por su bajo contenido en potasio.

POR PERSONA

Calorías totales: 346 kcal
Proteínas: 14,6 g (17%)
Hidratos de carbono: 17,1 g (20%)
Grasas totales: 24,3 g (63%)
Saturada: 12,7%
Monoinsaturada: 31,5%
Poliinsaturada: 10,4%
Colesterol: 53,5 mg
Fibra alimentaria: 2,5 g
Calcio: 48 mg
Hierro: 1,5 mg
Potasio: 188,5 mg
Sodio: 248,4 mg

ELABORACION

Cuece las patatas con la piel a fuego lento para que no se rompan, poniendo en el agua sal y un chorrito de vinagre. Una vez cocidas, pélalas y corta a lo largo la parte superior a 1 ó 2 cm aproximadamente.
Vacía con una cuchara la pulpa de las patatas y resérvala.
En un bol, mezcla el bonito desmigado con las cebolletas picadas muy finas, la salsa mahonesa y el perejil picado (si quieres, puedes añadir un poco de pulpa de la patata). Rellena las patatas con esta mezcla.
Adorna las patatas con tiras de pimiento verde y con las aceitunas. Espolvorea con perejil picado y sirve.
Adorna el plato con aros de pimiento rojo fritos en aceite.

PATATAS SALTEADAS

Ingredientes

1 kg de patatas no muy grandes • 1/4 kg de guisantes cocidos • 1 cebolleta • 100 g de tocineta en lonchas • aceite • sal • agua

- Diabetes
- Estreñimiento
- Hipertensión arterial
- Insuficiencia renal
- Obesidad
- Osteoporosis
- Colesterol

Plato con alto contenido en calorías y grasa saturada, por lo que sólo se recomienda su consumo a personas sanas de forma esporádica. Eliminando la tocineta este plato se convierte en muy saludable, excepto para personas con obesidad.

POR PERSONA

Calorías totales: 487 kcal
Proteínas: 10,8 g (9%)
Hidratos de carbono: 58,6 g (48%)
Grasas totales: 22,8 g (42%)
Saturada: 15%
Monoinsaturada: 22%
Poliinsaturada: 4%
Colesterol: 25 mg
Fibra alimentaria: 8,8 g
Calcio: 58 mg
Hierro: 3,2 mg
Potasio: 249 mg
Sodio: 175 mg

ELABORACION

Cuece las patatas en agua con sal durante 30 minutos aproximadamente (no hay que cocerlas demasiado). Déjalas enfriar, pélalas y córtalas en lonchas. Después, corta la cebolleta en juliana, póchala en aceite y sazona. Cuando esté pochada, agrega la tocineta partida en lonchas y troceada y rehógala. Incorpora luego las patatas en rodajas, moviéndolas con cuidado. Añade los guisantes cocidos y saltéalo todo junto a fuego lento durante 10 minutos y listo para servir.

ARROCES

ARROZ A LA MARINERA

- Diabetes
- Estreñimiento
- Hipertensión arterial
- Insuficiencia renal
- Obesidad
- Osteoporosis
- Colesterol

Plato especialmente recomendado para el consumo por parte de personas con problemas de colesterol, con hipertensión o con insuficiencia renal. Deben consumirlo esporádicamente personas con obesidad.

POR PERSONA

Calorías totales: 508 kcal
Proteínas: 37,7 g (30%)
Hidratos de carbono: 69 g (54%)
Grasas totales: 9,1 g (16%)
Saturada: 1,8%
Monoinsaturada: 7,1%
Poliinsaturada: 1,4%
Colesterol: 102 mg
Fibra alimentaria: 1,8 g
Calcio: 157 mg
Hierro: 3,9 mg
Potasio: 480 mg
Sodio: 182 mg

Ingredientes

350 g de arroz • 200 g de calamares • 1 cebolla pequeña• aceite • perejil picado • 1 litro de caldo de pescado • 1 pimiento verde • 2 dientes de ajo • azafrán • 100 g de guisantes cocidos • 200 g de rape limpio • 12 almejas • 12 gambas peladas • sal • pimienta

ELABORACION

Lava y limpia los distintos tipos de pescados y mariscos.

En una cazuela con un chorro de aceite rehoga la cebolla, el ajo y el pimiento picados muy fino. Cuando comiencen a dorarse estos ingredientes añade los pescados troceados y deja que se sofrían un poquito. Agrega el arroz y rehógalo. Echa el azafrán, el caldo bien caliente y los guisantes. Pasados 10 minutos de cocción, incorpora las almejas y deja cocer otros 10 minutos más.

Queda bastante caldoso, casi como una sopa espesa.

ARROZ AL FORN

Ingredientes

350 g de arroz • 150 g de garbanzos • 2 patatas medianas • 3 tomates medianos • 1 cabeza de ajo • aceite de oliva • azafrán • pimentón dulce • sal • agua

- Diabetes
- Estreñimiento
- Hipertensión arterial
- Insuficiencia renal
- Obesidad
- Osteoporosis
- Colesterol

Plato especialmente recomendado para el consumo por parte de personas con problemas de colesterol, con hipertensión y con insuficiencia renal. Deben consumirlo con moderación personas obesas y diabéticas.

POR PERSONA

Calorías totales: 469 kcal
Proteínas: 12,5 g (11%)
Hidratos de carbono: 86,9 g (74%)
Grasas totales: 8 g (15%)
Saturada: 1,3%
Monoinsaturada: 6,9%
Poliinsaturada: 1%
Colesterol: 0 mg
Fibra alimentaria: 2,9 g
Calcio: 58 mg
Hierro: 3,1 mg
Potasio: 391 mg
Sodio: 12 mg

ELABORACION

Pon los garbanzos en remojo el día anterior. Cuécelos en agua y sal y al final de la cocción coloréalos con el azafrán. Después, escurre y reserva el caldo de la cocción. Pela las patatas y córtalas en rodajas de 1 centímetro de grosor aproximadamente. Parte por la mitad los tomates y pica uno de ellos.

En una cazuela redonda y plana calienta el aceite y sofríe la cabeza de ajo entera, los medios tomates y el tomate picado. Agrega después las patatas y una cucharada de pimentón, removiendo todo. Añade el arroz, rehoga, y, a continuación, los garbanzos. Por último, moja con el caldo caliente (el doble que de arroz y un poco más).

Guísalo todo durante 6 u 8 minutos. Después, mete la cazuela en el horno que estará precalentado a 200 grados, hasta que el arroz esté en su punto, unos 8 minutos. Finalmente, sácalo del horno y sírvelo en la cazuela sin dejarlo reposar.

Arroz con calabacin y ajos frescos

Ingredientes

4 tazas de arroz • 1 cebolla grande • $1^{1/2}$ calabacín • 2 manojos de ajos frescos • salsa de tomate • agua • harina • sal • aceite

- Diabetes
- Estreñimiento
- Hipertensión arterial
- Insuficiencia renal
- Obesidad
- Osteoporosis
- Colesterol

Plato especialmente recomendado para el consumo por personas obesas, con hipertensión, con problemas de colesterol, diabéticas o que sufran de estreñimiento. Deben consumirlo esporádicamente quienes padezcan insuficiencia renal.

POR PERSONA

Calorías totales: 261 kcal
Proteínas: 6,5 g (10%)
Hidratos de carbono: 44,6 g (68%)
Grasas totales: 6,3 g (22%)
- Saturada: 2,8%
- Monoinsaturada: 12,8%
- Poliinsaturada: 1,7 %

Colesterol: 0 mg
Fibra alimentaria: 3,3 g
Calcio: 55 mg
Hierro: 2,1 mg
Potasio: 904 mg
Sodio: 26 mg

Elaboracion

Pon en una cazuela con aceite la cebolla y los ajos tiernos picados. Añade un calabacín en tacos y sazona. Cuando la verdura esté pochada, agrega el arroz, rehoga y moja con el doble y un poco más de agua que la medida del arroz. Pon a punto de sal y deja que se haga todo a fuego lento durante 18 ó 20 minutos.

Sirve el arroz moldeándolo con una taza y decora con la salsa de tomate.

Para acompañar, corta medio calabacín en rodajas, pásalas por harina con una pizca de sal y fríelas en aceite bien caliente.

Arroz con verduras y almejas

Ingredientes

4 cacillos de arroz • 1/2 kg de almejas • 2 cebolletas • 1 zanahoria • 100 g de judías verdes • 1 tomate • 100 g de guisantes • 1 pimiento verde • perejil • aceite • sal • agua (un poco más del doble que de arroz)

- Diabetes
- Estreñimiento
- Hipertensión arterial
- Insuficiencia renal
- Obesidad
- Osteoporosis
- Colesterol

Plato saludable que es recomendable para cualquier persona, a excepción de pacientes con insuficiencia renal que deberán consumirlo esporádicamente.

POR PERSONA

Calorías totales: 447 kcal
Proteínas: 22,7 g (20%)
Hidratos de carbono: 72,2 g (65%)
Grasas totales: 7,8 g (16%)
Saturada: 1,4%
Monoinsaturada: 7,2%
Poliinsaturada: 1,1%
Colesterol: 62,5 mg
Fibra alimentaria: 4,3 g
Calcio: 217,1 mg
Hierro: 3,3 mg
Potasio: 463,8 mg
Sodio: 18,4 mg

Elaboracion

Pica la verdura y rehógala en una cazuela con aceite. Luego añade el arroz y rehógalo junto a las verduras durante unos minutos. Posteriormente, agrega el agua hirviendo y sazona. A los 5 minutos, aproximadamente, añade las almejas y el perejil picado. Deja cocer durante 10 minutos y, tras un ratito de reposo, sirve.

ARROZ FAMILIAR

Ingredientes

4 tazas de arroz • 300 g de restos de pescado, carne o aves (calamares, bacalao, pollo, etc.) • 1 cebolleta o cebolla • 1 tomate• 1 pimiento verde en tiras • azafrán • 12 tazas de agua o de caldo • aceite • sal

- Diabetes
- Estreñimiento
- Hipertensión arterial
- Insuficiencia renal
- Obesidad
- Osteoporosis
- Colesterol

Plato recomendable para cualquier persona, a excepción de pacientes con insuficiencia renal por su alto contenido en potasio.

POR PERSONA

Calorías totales: 397 kcal
Proteínas: 19,4 g (19%)
Hidratos de carbono: 64,3 g (65%)
Grasas totales: 7 g (16%)
Saturada: 1,8%
Monoinsaturada: 8,4%
Poliinsaturada: 1,6%
Colesterol: 37,5 mg
Fibra alimentaria: 0,8 g
Calcio: 64,1 mg
Hierro: 1,6 mg
Potasio: 403,1 mg
Sodio: 71,7 mg

ELABORACION

Pica la cebolleta y el tomate y póchalos bien. Sazona. Agrega los restos rehogándolos unos minutos. Añade el pimiento, el arroz, rehoga de nuevo y echa el agua y el azafrán, poniéndolo a punto de sal. Deja que hierva a fuego no muy fuerte durante unos 15 minutos. Después, retíralo del fuego y deja que repose 5 minutos. Quedará un poco caldoso. Si prefieres que quede algo más espeso puedes emplear dos tazas menos de agua.

ARROZ GRATINADO

Ingredientes

1/2 kg de arroz • 6 pimientos • queso rallado • 2 dientes de ajo • aceite • agua • sal

ELABORACION

En una cazuela pon a cocer abundante agua con sal y aceite. Cuando esté hirviendo añade el arroz, deja que cueza durante 15 minutos aproximadamente y escúrrelo.

En una sartén con aceite pon a freír los pimientos en tiras y el ajo. Sazona. Cuando estén pochados, retíralos de la sartén y rehoga el arroz en el aceite donde los has frito. Después, colócalo en una fuente de horno, pon los pimientos y el queso encima.

Métela en el gratinador durante 6-8 minutos y sirve.

- Diabetes
- Estreñimiento
- Hipertensión arterial
- Insuficiencia renal
- Obesidad
- Osteoporosis
- Colesterol

Plato muy saludable y recomendado para cualquier persona, sana o enferma, a excepción de quienes sean obesos.

POR PERSONA

Calorías totales: 530 kcal
Proteínas: 12,2 g (9%)
Hidratos de carbono: 100,5 g (76%)
Grasas totales: 8,7 g (15%)
Saturada: 2,7%
Monoinsaturada: 7%
Poliinsaturada: 1%
Colesterol: 5 mg
Fibra alimentaria: 1,2 g
Calcio: 63 mg
Hierro: 1,3 mg
Potasio: 300 mg
Sodio: 65 mg

ARROZ HERVIDO EN SALSA VERDE

Ingredientes

300 g de arroz • 12 espárragos trigueros cocidos • 2 dientes de ajo • 2 cebolletas • 200 g de almejas • aceite • 2 vasos de caldo de cocer los espárragos • perejil picado • 1 cucharada de harina • sal • agua

- Diabetes
- Estreñimiento
- Hipertensión arterial
- Insuficiencia renal
- Obesidad
- Osteoporosis
- Colesterol

Plato especialmente saludable, que puede ser consumido con libertad por cualquier persona.

POR PERSONA

Calorías totales: 374 kcal
Proteínas: 12,7 g (14%)
Hidratos de carbono: 65,5 g (70%)
Grasas totales: 6,9 g (17%)
Saturada: 1,7%
Monoinsaturada: 8,7%
Poliinsaturada: 1,2%
Colesterol: 25 mg
Fibra alimentaria: 1,7 g
Calcio: 92,8 mg
Hierro: 1,5 mg
Potasio: 192,6 mg
Sodio: 6,9 mg

ELABORACION

Cuece el arroz en abundante agua hirviendo y sal. Una vez cocido, escúrrelo y lávalo bajo el chorro de agua fría.

En una cazuela pon a pochar la cebolleta y el ajo picado; en cuanto tomen color, añade las almejas y la harina removiendo bien durante un par de minutos, y cuando se hayan abierto las almejas agrega el caldo, incorpora los espárragos y el arroz y deja que cueza a fuego suave durante dos minutos más. Por último, pruébalo de sal y espolvorea con perejil picado.

ARROZ NEGRO CON CALAMARES

Ingredientes

400 g de arroz • 3 calamares • 1 cebolla • 1 tomate • 1 zanahoria • 12 almejas • 1 diente de ajo • agua • aceite de oliva • sal fina y gorda • perejil picado

- Diabetes
- Estreñimiento
- Hipertensión arterial
- Insuficiencia renal
- Obesidad
- Osteoporosis
- Colesterol

Plato especialmente recomendado para el consumo por personas con insuficiencia renal, hipertensas o con problemas de colesterol.
Deben consumirlo esporádicamente personas obesas o diabéticas.

POR PERSONA

Calorías totales: 507 kcal
Proteínas: 26,2 g (21%)
Hidratos de carbono: 82,2 g (65%)
Grasas totales: 8,2 g (15%)
Saturada: 1,2%
Monoinsaturada: 6,4%
Poliinsaturada: 1%
Colesterol: 23 mg
Fibra alimentaria: 1,2 g
Calcio: 85 mg
Hierro: 3 mg
Potasio: 253 mg
Sodio: 13 mg

ELABORACION

Pica muy fina la verdura: la cebolla, el tomate, la zanahoria y el diente de ajo. Rehoga en una cazuela con aceite y sal durante unos minutos.
Mientras, limpia los calamares, reservando las tintas.
Corta los calamares en aros y añádeselos a la verdura cuando esté bien pochada.
Agrega las tintas machacadas en un mortero con sal gorda y un chorrito de agua.
Añade el arroz, rehoga y moja con el agua (el doble que de arroz y un poco más).
Pon a punto de sal y cuécelo durante unos 18 minutos. Deja reposar.
Saltea las almejas en una sartén con aceite hasta que se abran y espolvoréalas con perejil picado.
Sirve el arroz negro con las almejas.

Paella de verduras

Ingredientes

320 g de arroz (refinado o integral) • 600 g de verduras y hortalizas (calabacín, berenjena, pimiento verde y rojo, vainas, zanahoria, calabaza, champiñones...) • unas hebras de azafrán • aceite • agua • sal • una naranja para decorar

- Diabetes
- Estreñimiento
- Hipertensión arterial
- Insuficiencia renal
- Obesidad
- Osteoporosis
- Colesterol

Plato especialmente recomendado para el consumo por personas con problemas de colesterol, hipertensas o diabéticas. Deben degustarlo esporádicamente las personas obesas o con insuficiencia renal.

POR PERSONA

Calorías totales: 364 kcal
Proteínas: 8 g (9%)
Hidratos de carbono: 68,5 g (75%)
Grasas totales: 6,6 g (16%)
Saturada: 1,7%
Monoinsaturada: 8,9%
Poliinsaturada: 1,2%
Colesterol: 0 mg
Fibra alimentaria: 2,6 g
Calcio: 47 mg
Hierro: 1,4 mg
Potasio: 421 mg
Sodio: 11 mg

Elaboracion

En una paella (paellera) con aceite rehoga todas la verduras y hortalizas limpias y troceadas con un poco de sal. Cuando todo esté bien pochado incorpora el arroz y unas hebras de azafrán. Rehoga generosamente y moja con el doble de agua y un poco más (caliente). Pon a punto de sal y, una vez que empiece a hervir, hornéalo durante 12 minutos a 180 grados (en el caso de usar arroz integral necesitará más agua y más tiempo).
Por último, deja reposar la paella. Decórala con la naranja y sirve.

Risotto con setas

Ingredientes

400 g de arroz • 1 ó 2 cebolletas • 1 zanahoria • 1 puerro hermoso • 1/2 kg de setas • 1 litro de caldo • aceite • sal

- Diabetes
- Estreñimiento
- Hipertensión arterial
- Insuficiencia renal
- Obesidad
- Osteoporosis
- Colesterol

Plato especialmente recomendado para el consumo por personas con problemas de colesterol, hipertensas o que sufran de estreñimiento.
Deben degustarlo esporádicamente las personas diabéticas o con insuficiencia renal.

POR PERSONA

Calorías totales: 457 kcal
Proteínas: 11,4 g (10%)
Hidratos de carbono: 86,2 g (75%)
Grasas totales: 7,4 g (15%)
Saturada: 1,4%
Monoinsaturada: 7,1%
Poliinsaturada: 1%
Colesterol: 1 mg
Fibra alimentaria: 4,8 g
Calcio: 42 mg
Hierro: 2,4 mg
Potasio: 881 mg
Sodio: 152 mg

Elaboracion

En una cazuela con un poco de aceite pon a pochar el puerro, la zanahoria y la cebolleta picados.
Limpia las setas retirando la parte baja del tallo y los posibles restos de tierra. A continuación, pícalas y añade a la verdura. Sazona y rehógalo todo junto. Agrega el arroz y vuelve a rehogar.
Vete añadiendo el caldo poco a poco mientras remueves. Déjalo cocer durante 20 minutos. A medida que se vaya haciendo el arroz vierte más caldo y remueve.
Sirve este risotto de setas en una fuente adornado con una rama de perejil.

PASTAS

Cintas con verduras

Ingredientes

300 g de pasta cocida (cintas) • 1 berenjena • 1 calabacín • 1 zanahoria • 1 pimiento verde • 2 tomates rojos pelados y sin pepitas • 1 cebolleta • 1/2 vaso de jerez • sal • 1 hoja de albahaca • aceite

- Diabetes
- Estreñimiento
- Hipertensión arterial
- Insuficiencia renal
- Obesidad
- Osteoporosis
- Colesterol

Plato especialmente recomendado para personas con hipertensión, con problemas de colesterol o que sufren estreñimiento. Deben consumirlo esporádicamente quienes tengan insuficiencia renal, obesos y diabéticos.

POR PERSONA

Calorías totales: 382 kcal
Proteínas: 11,5 g (12%)
Hidratos de carbono: 67,4 g (71%)
Grasas totales: 6,3 g (15%)
  Saturada: 2,1%
  Monoinsaturada: 8,7%
  Poliinsaturada: 2%
Colesterol: 0 mg
Fibra alimentaria: 4,1 g
Calcio: 42 mg
Hierro: 2,2 mg
Potasio: 453 mg
Sodio: 12 mg

Elaboracion

Pon a pochar en una cazuela con aceite el pimiento verde troceado, los tomates en daditos y la cebolleta picada.

Pela la berenjena y pícala fina, trocea la zanahoria y pela el calabacín cortándolo en tiras. Añádeselo todo a la cazuela, sazona y póchalo. Agrega el jerez y déjalo hacer 15 minutos aproximadamente junto con la hoja de albahaca picada.

Por último, añade la pasta cocida y escurrida mezclándolo todo bien y sirve.

ESPAGUETIS A LA ALBAHACA

Ingredientes

400 g de espaguetis • 2 dientes de ajo • 100 g de albahaca • 1/4 litro de aceite • sal • pimienta blanca • 50 g de piñones

ELABORACION

Primero debes hervir los espaguetis con agua y sal. Después, harás una mezcla con el mortero a base de piñones, ajos, albahaca y sal. Hecho esto, rehoga los espaguetis en una sartén con un chorrito de aceite, añadiendo después la mezcla del mortero.

Sirve caliente.

- Diabetes
- Estreñimiento
- Hipertensión arterial
- Insuficiencia renal
- Obesidad
- Osteoporosis
- Colesterol

Plato especialmente recomendado para el consumo de personas deportistas, con problemas de colesterol, con insuficiencia renal e hipertensión.
Deben consumirlo esporádicamente las personas obesas.

POR PERSONA

Calorías totales: 621 kcal
Proteínas: 14,6 g (10%)
Hidratos de carbono: 79,4 g (51%)
Grasas totales: 27,2 g (39%)
    Saturada: 5,2%
    Monoinsaturada: 22,2%
    Poliinsaturada: 8,4%
Colesterol: 0 mg
Fibra alimentaria: 2,3 g
Calcio: 30 mg
Hierro: 1,7 mg
Potasio: 60 mg
Sodio: 10 mg

ESPIRALES CON ANCHOAS

Ingredientes

300 g de espirales de pasta • 1/2 litro de salsa de tomate • 2 dientes de ajo • perejil • 8 aceitunas negras • 6 filetes de anchoa • aceite • sal

- Diabetes
- Estreñimiento
- Hipertensión arterial
- Insuficiencia renal
- Obesidad
- Osteoporosis
- Colesterol

Plato especialmente recomendado para el consumo por parte de personas deportistas, diabéticas, con problemas de colesterol y que sufran de estreñimiento. Deben consumirlo esporádicamente las personas obesas o con ácido úrico elevado.

POR PERSONA

Calorías totales: 503 kcal
Proteínas: 19 g (15%)
Hidratos de carbono: 69,9 g (56%)
Grasas totales: 16,6 g (30%)
 Saturada: 7,7%
 Monoinsaturada: 14,7%
 Poliinsaturada: 4,8%
Colesterol: 29 mg
Fibra alimentaria: 3,9 g
Calcio: 67 mg
Hierro: 2,5 mg
Potasio: 409 mg
Sodio: 635 mg

ELABORACION

En una sartén fríe los ajos fileteados con un chorro de aceite. Cuando estén dorados, añade el tomate, las aceitunas deshuesadas y troceadas, así como los filetes de anchoa. Deja a fuego medio durante 10 minutos. Pasado este tiempo, añade el perejil. Por otra parte, cuece en abundante agua con sal las espirales de pasta. Cuando estén *al dente*, escúrrelas y échalas a la salsa.
Sirve.

FIDEOS CON CIGALAS

Ingredientes

1/4 kg de fideos • 6 cigalas • 1 cebolla o cebolleta • 1 ó 2 dientes de ajo • perejil picado • 2 hojas de albahaca • 1/2 vaso de salsa de tomate • sal • aceite • 1 litro de agua

- Diabetes
- Estreñimiento
- Hipertensión arterial
- Insuficiencia renal
- Obesidad
- Osteoporosis
- Colesterol

Plato especialmente recomendado para el consumo por personas hipertensas o diabéticas. Deben tomarlo esporádicamente las personas con problemas de colesterol, obesas o con insuficiencia renal.

POR PERSONA

Calorías totales: 541 kcal
Proteínas: 22,8 g (26%)
Hidratos de carbono: 50 g (56%)
Grasas totales: 7,3 g (19%)
Saturada: 3,4%
Monoinsaturada: 10,6%
Poliinsaturada: 2,8%
Colesterol: 143 mg
Fibra alimentaria: 1,7 g
Calcio: 51 mg
Hierro: 1,6 mg
Potasio: 379 mg
Sodio: 52 mg

ELABORACION

Pon a calentar el agua en una cazuela.
Aparte, en otra cazuela con un poco de aceite, fríe la cebolla y el ajo picado; una vez pochado, añade dos cigalas troceadas sin pelar y rehógalas durante un rato. Después incorpora el agua hirviendo, la salsa de tomate y la albahaca. Cuando comience de nuevo a hervir añade los fideos, mezcla todo bien y agrega el resto de las cigalas. Sazona. Deja que se haga de 5 a 8 minutos dependiendo del grosor del fideo. Espolvoréalo con perejil picado y sirve.

LASAÑA DE VERDURAS

Ingredientes

3 ó 4 láminas grandes de lasaña • 200 g de judías verdes • 4 zanahorias • 1/2 coliflor • 50 g de espinacas • 3 dientes de ajo • 2 tomates maduros • queso rallado (opcional) • aceite, agua y sal

Para la salsa bechamel: 3 cucharaditas de harina • 1 vaso de leche • aceite, perejil picado y sal

- Diabetes
- Estreñimiento
- Hipertensión arterial
- Insuficiencia renal
- Obesidad
- Osteoporosis
- Colesterol

Plato especialmente recomendado para personas con obesidad, hipertensión, con problemas de colesterol o que sufren de estreñimiento. Deben consumirlo con moderación personas con insuficiencia renal.

POR PERSONA

Calorías totales: 183 kcal
Proteínas: 7,8 g (17%)
Hidratos de carbono: 18,3 g (40%)
Grasas totales: 8,9 g (44%)
  Saturada: 3,4%
  Monoinsaturada: 17,7%
  Poliinsaturada: 2,5%
Colesterol: 0 mg
Fibra alimentaria: 6 g
Calcio: 128 mg
Hierro: 2,7 mg
Potasio: 800 mg
Sodio: 221 mg

ELABORACION

Cuece la pasta en agua con sal y un chorro de aceite y refréscala. Cuece también las judías verdes, la zanahoria y la coliflor en agua con sal, y cuando estén cocidas, pícalas en trocitos. Aparte, cuece las espinacas y pícalas. Haz un sofrito con los dientes de ajo en láminas y el tomate en dados; cuando esté hecho, agrega la verdura cocida excepto las espinacas, tres o cuatro cucharadas de bechamel y mézclalo todo bien.

En una bandeja de horno coloca una capa de lasaña y, encima, el relleno de verdura; cúbrela con una nueva capa de lasaña y vuelve a colocar una capa de relleno y otra de lasaña (puedes hacer los pisos que desees). Cúbrelo todo con bechamel mezclada con las espinacas y mételo en el horno unos 10 minutos a 160 grados. Si quieres, puedes espolvorear la lasaña con queso rallado para que gratine mejor.

Finalmente, ponlo unos 2 minutos en el gratinador y sirve.

MACARRONES AL PESTO

Ingredientes

1/2 kilo de macarrones • 6 cuch. de aceite de oliva • 2 dientes de ajo • perejil picado • 4 hojas de menta fresca • sal • pimienta blanca • agua

- Diabetes
- Estreñimiento
- Hipertensión arterial
- Insuficiencia renal
- Obesidad
- Osteoporosis
- Colesterol

Plato especialmente recomendado para el consumo de personas con hipertensión, con insuficiencia renal, con problemas de colesterol o diabéticas. Deben consumirlo esporádicamente los obesos.

POR PERSONA

Calorías totales: 438 kcal
Proteínas: 13,1 g (12%)
Hidratos de carbono: 77,9 g (71%)
Grasas totales: 8,2 g (17%)
Saturada: 2,5%
Monoinsaturada: 10,7%
Poliinsaturada: 2,3%
Colesterol: 0 mg
Fibra alimentaria: 2 g
Calcio: 22 mg
Hierro: 1,5 mg
Potasio: 0 mg
Sodio: 0 mg

ELABORACION

Pon a hervir agua con sal y una cucharada de aceite. Cuando rompa a cocer añade los macarrones, removiéndolos para que no se peguen. Una vez cocidos en su punto, sácalos, y después de haberlos escurrido déjalos enfriar.

En un mortero maja el ajo, el perejil y la menta con cuatro cucharadas de aceite de oliva.

Con el resto del aceite saltea los macarrones salpimentando. Sírvelos en una fuente y rocía por encima con la salsa.

Macarrones con carne

Ingredientes

300 g de macarrones • 200 g de carne picada de ternera y cerdo • 1 cebolleta • salsa de tomate • pimienta • sal • aceite • 1 diente de ajo • perejil picado • agua

- Diabetes
- Estreñimiento
- Hipertensión arterial
- Insuficiencia renal
- Obesidad
- Osteoporosis
- Colesterol

Plato especialmente recomendado para el consumo por parte de personas con hipertensión, con insuficiencia renal o con problemas de colesterol. Deben consumirlo esporádicamente las personas obesas o diabéticas.

POR PERSONA

Calorías totales: 425 kcal
Proteínas: 18,6 g (17%)
Hidratos de carbono: 59 g (56%)
Grasas totales: 16,1 g (34%)
- Saturada: 9,7%
- Monoinsaturada: 17,6%
- Poliinsaturada: 3%

Colesterol: 36 mg
Fibra alimentaria: 1,6 g
Calcio: 27 mg
Hierro: 2,6 mg
Potasio: 189 mg
Sodio: 27 mg

Elaboracion

Cuece la pasta en una cocedera con abundante agua y sal durante unos 20 minutos aproximadamente. Escúrrela y reserva.

En una cazuela vierte un chorro de aceite, y rehoga el ajo y la cebolleta picados; después, añade la carne y salpimenta. Rehógalo todo.

Por último, añade unos cuatro cacitos de tomate y perejil picado. Deja que se haga durante unos minutos a fuego lento para que se mezclen bien los sabores. Incorpora los macarrones a la cazuela o vierte la salsa sobre ellos.

PASTA CON SETAS

Ingredientes

350 g de pasta (macarrones, conchitas...) • 300 g de setas de temporada (champiñones) • 2 dientes de ajo • 1/2 vaso de vino blanco • 6 cuch. de salsa de tomate • 5 cuch. de aceite • agua • sal • perejil picado

- Diabetes
- Estreñimiento
- Hipertensión arterial
- Insuficiencia renal
- Obesidad
- Osteoporosis
- Colesterol

Plato especialmente recomendado para el consumo de personas diabéticas, con hipertensión, con problemas de colesterol o que sufren de estreñimiento. Deben consumirlo esporádicamente las personas obesas o con insuficiencia renal.

POR PERSONA

Calorías totales: 385 kcal
Proteínas: 12,5 g (13%)
Hidratos de carbono: 66 g (69%)
Grasas totales: 7,2 g (17%)
Saturada: 3%
Monoinsaturada: 9,8%
Poliinsaturada: 2,1%
Colesterol: 0 mg
Fibra alimentaria: 4,2 g
Calcio: 31 mg
Hierro: 2,1 mg
Potasio: 441 mg
Sodio: 81 mg

ELABORACION

Cuece la pasta en abundante agua con sal y dos cucharadas de aceite de 8 a 10 minutos, dependiendo del tipo de pasta. Después, pica los dientes de ajo y sofríelos en una sartén con tres cucharadas de aceite.

Cuando empiece a dorarse añade las setas, previamente cortadas en juliana; échale sal y rehógalas durante unos minutos. Luego agrega la pasta ya escurrida, el perejil picado, la salsa de tomate y el vino blanco, mezclando bien todos los ingredientes, y déjalos que se hagan a fuego medio durante 2 minutos aproximadamente.

Por último, ponlo a punto de sal y listo.

Pasta picantita

Ingredientes

300 g de pasta • 1 cebolleta o cebolla • 2 dientes de ajo • 1 vaso de salsa de tomate • 2 hojas de albahaca • 1 guindilla roja seca • agua • sal • aceite • perejil picado

- Diabetes
- Estreñimiento
- Hipertensión arterial
- Insuficiencia renal
- Obesidad
- Osteoporosis
- Colesterol

Plato especialmente recomendado para personas con hipertensión, con insuficiencia renal o con problemas de colesterol. Deben consumirlo esporádicamente los obesos.

POR PERSONA

Calorías totales: 348 kcal
Proteínas: 10,5 g (12%)
Hidratos de carbono: 61,5 g (71%)
Grasas totales: 6,7 g (17%)
Saturada: 2,8%
Monoinsaturada: 9,6%
Poliinsaturada: 2,1%
Colesterol: 0 mg
Fibra alimentaria: 2 g
Calcio: 26 mg
Hierro: 1,3 mg
Potasio: 75 mg
Sodio: 52 mg

Elaboracion

Cuece la pasta en agua con sal y un chorrito de aceite. Una vez cocida, escúrrela y resérvala.

Pica la cebolleta y los ajos y sofríelos en un poco de aceite. Añade la guindilla picada, las hojas de albahaca y la salsa de tomate. Deja cocer unos minutos hasta que esté a tu gusto.

Calienta la pasta rehogándola con la salsa y sírvela con un poco de perejil picado.

Tallarines con pescado

Ingredientes

400 g de tallarines • 300 g de pescado limpio sin espinas • 16 almejas • 2 tomates maduros • sal • agua • 1 cebolla • orégano • pimentón • 1 ajo • perejil • aceite

Elaboracion

Cuece los tallarines durante 15 minutos en abundante agua con sal y un chorro de aceite. Escurre y reserva tapados. En una sartén, rehoga la cebolla picada con el orégano y el tomate. Deja al fuego 10 minutos e incorpora el pimentón, agregando un poco después las almejas y el pescado troceado y dejando todo 4 minutos más al fuego. Retira y reserva. En otra sartén pon aceite con las láminas de ajo, y cuando esté dorado saltea en ese mismo aceite los tallarines con una pizca de orégano. Para servir, coloca los tallarines en el centro del plato y el pescado con las almejas y la salsa bordeando la pasta.

- Diabetes
- Estreñimiento
- Hipertensión arterial
- Insuficiencia renal
- Obesidad
- Osteoporosis
- Colesterol

Plato especialmente recomendado para personas con insuficiencia renal, con hipertensión, con problemas de colesterol o que sufran estreñimiento.
Deben consumirlo esporádicamente los que padezcan obesidad.

POR PERSONA

Calorías totales: 532 kcal
Proteínas: 33,2 g (25%)
Hidratos de carbono: 81,4 g (61%)
Grasas totales: 8,4 g (14%)
Saturada: 2%
Monoinsaturada: 7,1%
Poliinsaturada: 2,2%
Colesterol: 68 mg
Fibra alimentaria: 3 g
Calcio: 157 mg
Hierro: 3,3 mg
Potasio: 398 mg
Sodio: 69 mg

LEGUMBRES

ALUBIAS BLANCAS CON CALABAZA

Ingredientes

400 g de alubias blancas • 1 diente de ajo • 2 puerros • 1 cucharadita de pimentón • 2 zanahorias • unos cominos • 1 cebolla • perejil picado • 200 g de calabaza roja • aceite • sal • agua

- Diabetes
- Estreñimiento
- Hipertensión arterial
- Insuficiencia renal
- Obesidad
- Osteoporosis
- Colesterol

Plato especialmente recomendado para el consumo por personas hipertensas, con problemas de colesterol o que sufran estreñimiento.
Deben tomarlo esporádicamente personas obesas, con insuficiencia renal o diabéticas.

POR PERSONA

Calorías totales: 418 kcal
Proteínas: 20,9 g (20%)
Hidratos de carbono: 68,8 g (66%)
Grasas totales: 6,8 g (15%)
Saturada: 1,5%
Monoinsaturada: 7,8%
Poliinsaturada: 1,1%
Colesterol: 0 mg
Fibra alimentaria: 9,4 g
Calcio: 187 mg
Hierro: 7,4 mg
Potasio: 1.264 mg
Sodio: 71 mg

ELABORACION

Cuece las alubias (que habrás puesto a remojo la víspera) en una cazuela con abundante agua fría junto con el puerro y la zanahoria troceados, un chorro de aceite y unos cominos. Tardarán de una hora a hora y cuarto a fuego suave (si hiciera falta, agrega un poco más de agua).

Pica la cebolla y ponla a pochar con un diente de ajo, también picado, en una sartén con aceite. Agrega la calabaza en daditos, sazona y rehoga. Añade el pimentón y espolvorea con perejil picado. Saltéalo todo junto y vierte sobre el guiso, que previamente habrás puesto a punto de sal. Mezcla bien y sirve.

ALUBIAS CON PURE DE BERZA

Ingredientes

1/2 kg de alubias • 1 cebolleta • 1 pimiento verde • 1 puerro • panes fritos • sal • agua

Para el puré de berza: 1/2 berza • 4 patatas medianas • perejil picado

- Diabetes
- Estreñimiento
- Hipertensión arterial
- Insuficiencia renal
- Obesidad
- Osteoporosis
- Colesterol

Plato especialmente recomendado para personas con hipertensión, con problemas de colesterol, con anemia por falta de hierro, con osteoporosis o que sufran de estreñimiento.
Deben consumirlo esporádicamente personas con obesidad, con insuficiencia renal o diabéticos.

ELABORACION

Habrás puesto las alubias en remojo la noche anterior.

Comienza picando muy fino la cebolleta, el pimiento verde y el puerro. A continuación, pon un chorro de aceite en la cazuela, agrega las verduras picadas, las alubias, el agua y la sal y deja que cuezan a fuego suave durante 2 horas (30 minutos si es olla a presión).

Aparte, limpia la berza y trocéala. Pela y trocea las patatas. Pon todo junto en una cazuela y añade un litro de agua y sal. Deja que cueza media hora a fuego medio. Si se seca, agrega poco a poco agua.

Cuando estén bien cocidas tanto la berza como las patatas, pasa por la batidora y obtendrás un auténtico puré de berza.

Para servir, pon en el plato una ración de alubias y adorna con una rebanada de pan frito. Espolvorea el puré con perejil y deja que cada uno se sirva al gusto.

POR PERSONA

Calorías totales: 501 kcal
Proteínas: 26,4 g (21%)
Hidratos de carbono: 92,7 g (74%)
Grasas totales: 2,4 g (4%)
Saturada: 1,6%
Monoinsaturada: 2,5%
Poliinsaturada: 0,1%
Colesterol: 0 mg
Fibra alimentaria: 10,6 g
Calcio: 231 mg
Hierro: 9,9 mg
Potasio: 1.430 mg
Sodio: 80 mg

ALUBIAS NEGRAS CON VERDURAS

Ingredientes

1/2 kg de alubias • 4 puerros finos • 8 cebolletas finas • 2 zanahorias • 1 pimiento morrón • 1 pimiento verde • aceite virgen • sal • agua

- Diabetes
- Estreñimiento
- Hipertensión arterial
- Insuficiencia renal
- Obesidad
- Osteoporosis
- Colesterol

Plato saludable y recomendable para cualquier tipo de personas, a excepción de obesos con y sin problemas de colesterol y personas con insuficiencia renal, en cuyo caso el consumo debe ser esporádico. Especialmente recomendado para aquellos con problemas de estreñimiento por su alto contenido en fibra.

POR PERSONA

Calorías totales: 500 kcal
Proteínas: 25,5 g (20%)
Hidratos de carbono: 83,1 g (66%)
Grasas totales: 7,2 g (13%)
Saturada: 1,3%
Monoinsaturada: 6,5%
Poliinsaturada: 1%
Colesterol: 0 mg
Fibra alimentaria: 12,1 g
Calcio: 231 mg
Hierro: 9,3 mg
Potasio: 1.537,4 mg
Sodio: 93,8 mg

ELABORACION

Pon a cocer las alubias con abundante agua y sal. Cuando rompa a hervir, añade toda la verdura, entera pero limpia. Cuando esté blandita saca las cebolletas, los puerros y el pimiento morrón, y el resto déjalo cocer hasta que se haga, vigilando que las alubias no se queden secas.
Separa la carne del pimiento morrón y ponla en un plato; encima coloca las cebolletas y el puerro. Aliña con aceite y sal y sirve las alubias acompañándolas con estas verduras.

Ensalada de lentejas con langostinos

Ingredientes

200 g de lentejas cocidas • 8 colas de langostinos cocidos • 2 cebolletas • 1 tomate • 150 g de vainas cocidas • 1 lechuga • aceite de oliva • vinagre • sal

- Diabetes
- Estreñimiento
- Hipertensión arterial
- Insuficiencia renal
- Obesidad
- Osteoporosis
- Colesterol

Plato especialmente recomendado para el consumo por personas obesas, hipertensas, con problemas de colesterol, diabéticas o que sufran de estreñimiento.
Deben tomarlo esporádicamente quienes tengan insuficiencia renal.

Elaboracion

Coloca en el fondo de una fuente o plato unas hojas limpias de lechuga, el tomate en gajos y las vainas. Sazona y añade las lentejas. A continuación, decora la ensalada con las colas de langostinos, peladas y partidas por la mitad y las cebolletas en juliana. Por último, aliña con aceite, vinagre y sal y sirve.

POR PERSONA

Calorías totales: 289 kcal
Proteínas: 24 g (33%)
Hidratos de carbono: 33,2 g (46%)
Grasas totales: 6,8 g (21%)
  Saturada: 2,8%
  Monoinsaturada: 11,8%
  Poliinsaturada: 1,9%
Colesterol: 75 mg
Fibra alimentaria: 4,5 g
Calcio: 143 mg
Hierro: 5,1 mg
Potasio: 820 mg
Sodio: 205 mg

GARBANZOS AL AZAFRAN

Ingredientes

300 g de garbanzos • 1 cuch. de aceite de oliva virgen • 3 tomates maduros • 1 pellizco de azafrán • pimentón • sal • 2 zanahorias • 1 puerro

- Diabetes
- Estreñimiento
- Hipertensión arterial
- Insuficiencia renal
- Obesidad
- Osteoporosis
- Colesterol

Plato muy saludable y recomendable para cualquier tipo de personas sin limitar el número de veces que lo pueden consumir. No debe ser tomado por personas con insuficiencia renal.

POR PERSONA

Calorías totales: 335 kcal
Proteínas: 14,3 g (17%)
Hidratos de carbono: 49,4 g (59%)
Grasas totales: 9 g (24%)
- Saturada: 1,9%
- Monoinsaturada: 9,7%
- Poliinsaturada: 1,3%

Colesterol: 0 mg
Fibra alimentaria: 5,9 g
Calcio: 125,3 mg
Hierro: 5,9 mg
Potasio: 810,8 mg
Sodio: 28,8 mg

ELABORACION

Remoja los garbanzos durante 12 horas. Después, colócalos en una cazuela con agua hirviendo, sal, un par de zanahorias, un puerro y los tomates en trozos. Mantén el hervor durante unos 45 minutos (según el tipo de garbanzo), añadiendo, si fuera necesario, más agua hirviendo. Mientras se cuecen los garbanzos, coloca el azafrán envuelto en papel de aluminio sobre la tapa del recipiente. Tras este tiempo de cocción, añade el azafrán y deja cocer los garbanzos a fuego lento otros 20-25 minutos.

GARBANZOS CON ARROZ Y ESPINACAS

Ingredientes

300 g de garbanzos • 100 g de arroz • 100 g de espinacas • agua • sal • 1 berenjena • aceite

- Diabetes
- Estreñimiento
- Hipertensión arterial
- Insuficiencia renal
- Obesidad
- Osteoporosis
- Colesterol

Plato especialmente recomendado para el consumo por personas que sufran de estreñimiento, hipertensas o con problemas de colesterol. Deben degustarlo esporádicamente quienes tengan insuficiencia renal. Las personas diabéticas pueden consumirlo una vez a la semana.

POR PERSONA

Calorías totales: 430 kcal
Proteínas: 14 g (16%)
Hidratos de carbono: 69,2 g (64%)
Grasas totales: 9,4 g (20%)
- Saturada: 1,5%
- Monoinsaturada: 7,5%
- Poliinsaturada: 1%

Colesterol: 0 mg
Fibra alimentaria: 7,3 g
Calcio: 135 mg
Hierro: 6,4 mg
Potasio: 882 mg
Sodio: 54 mg

ELABORACION

Pon los garbanzos en remojo la noche anterior.
En una cazuela con agua y sal pon a cocer los garbanzos. Después de unos 45 minutos de cocción desespuma, añade las espinacas, limpias y troceadas, y el arroz. Deja que se hagan 15 minutos más y sirve.
Acompaña este plato con unas rodajas de berenjena frita.

GARBANZOS CON TOMATES

Ingredientes

300 g de garbanzos • unas verduras (cebolla, puerro, zanahoria...) • 2 clavos • 1 cebolla • 1 zanahoria • 200 g de chorizo • 3 tomates • sal • agua • aceite • perejil picado

- Diabetes
- Estreñimiento
- Hipertensión arterial
- Insuficiencia renal
- Obesidad
- Osteoporosis
- Colesterol

Plato con alto contenido en calorías y grasa saturada, por lo que sólo se recomienda su consumo a personas sanas de forma esporádica. Eliminando el chorizo de su elaboración este plato se convierte en saludable, excepto para personas con insuficiencia renal u obesidad.

POR PERSONA

Calorías totales: 574 kcal
Proteínas: 23,2 g (16%)
Hidratos de carbono: 50,6 g (35%)
Grasas totales: 31,1 g (49%)
Saturada: 16%
Monoinsaturada: 22%
Poliinsaturada: 4%
Colesterol: 50 mg
Fibra alimentaria: 5,8 g
Calcio: 134 mg
Hierro: 7 mg
Potasio: 890 mg
Sodio: 69 mg

ELABORACION

Pon en remojo los garbanzos en la víspera. Cuécelos en agua caliente con sal, un chorro de aceite, dos clavos y unas verduras (cebolla, puerro, zanahoria...), hasta que estén tiernos. Tardarán de 50 a 55 minutos.
Pocha en una cazuela con aceite la cebolla y la zanahoria picadas y sazona. Trocea el chorizo, añádeselo y rehoga junto con los tomates muy picados. Agrega los garbanzos bien escurridos y guísalo durante 5 minutos.
Por último, espolvorea con perejil picado y sirve.

Habas secas con pulpo

Ingredientes

300 g de habas secas • 400 g de pulpo cocido • 1 cebolleta • 1 pimiento verde • 1 cuch. de pimentón • perejil picado • sal • agua • aceite

- Diabetes
- Estreñimiento
- Hipertensión arterial
- Insuficiencia renal
- Obesidad
- Osteoporosis
- Colesterol

Plato especialmente recomendado para personas que sufren estreñimiento, con anemia por falta de hierro o hipertensión.
Además, puede consumirlo cualquier persona.
Deben degustarlo con moderación las personas con insuficiencia renal.

POR PERSONA

Calorías totales: 365 kcal
Proteínas: 28,1 g (31%)
Hidratos de carbono: 47 g (52%)
Grasas totales: 7,2 g (18%)
Saturada: 1,7%
Monoinsaturada: 8,9%
Poliinsaturada: 1,2%
Colesterol: 0 mg
Fibra alimentaria: 3,6 g
Calcio: 264 mg
Hierro: 7,7 mg
Potasio: 786 mg
Sodio: 28 mg

Elaboracion

Pon a pochar en una cazuela con aceite la cebolleta y el pimiento verde picados. Echa una pizca de sal. Agrega una cucharada de pimentón, rehoga y añade las habas. Cubre con agua y deja cocer a fuego lento durante 1 hora y cuarto aproximadamente, hasta que las habas estén tiernas (tardarán menos si previamente las has puesto en remojo). Pon a punto de sal y, si te queda ligero, puedes ligarlo con harina de maíz refinada, diluida en agua fría. Desespuma. Trocea el pulpo y añádeselo a las habas. Espolvorea con perejil picado, guísalo todo junto otros 5 minutos y sirve.

JUDIAS ESTOFADAS CON TOMILLO

Ingredientes

400 g de judías blancas • 1 cabeza de ajo • 1 hoja de laurel • 2 ó 3 ramitas de tomillo • 2 ó 3 pimientos rojos asados • 8 avellanas picadas • sal • agua • perejil picado

- Diabetes
- Estreñimiento
- Hipertensión arterial
- Insuficiencia renal
- Obesidad
- Osteoporosis
- Colesterol

Plato muy saludable y recomendado para cualquier tipo de persona, tanto sana como enferma.
Sólo debe ser consumido esporádicamente por pacientes con insuficiencia renal.

POR PERSONA
Calorías totales: 355 kcal
Proteínas: 19,9 g (22%)
Hidratos de carbono: 62,3 g (70%)
Grasas totales: 2,9 g (7%)
    Saturada: 1%
    Monoinsaturada: 2,5%
    Poliinsaturada: 1%
Colesterol: 0 mg
Fibra alimentaria: 7,3 g
Calcio: 140,2 mg
Hierro: 6,8 mg
Potasio: 1.047 mg
Sodio: 40,3 mg

ELABORACION

Pon las judías en remojo la noche anterior. Cuécelas tapadas a fuego lento, en una cazuela con agua fría y sal junto con todas las hierbas y el ajo hasta que estén tiernas: tardarán unos 45 minutos aproximadamente. Añade luego las avellanas y el pimiento troceado. Mezcla bien, saca el ajo, el laurel y el tomillo y espolvorea con perejil picado. Pruébalo de sal y sirve.

Ingredientes

1/2 kg de lentejas (en remojo durante 10 horas) • 1 calabacín • 1 cebolla o cebolleta • 1 puerro • 1 pimiento verde • 1 zanahoria • 2 tomates • 2 ajos • aceite • 1 plátano • 1 hoja de laurel • pimienta negra en grano • agua • patatas fritas en cuadraditos • sal

ELABORACION

Limpia y corta la cebolleta, el calabacín, la zanahoria, el puerro, el pimiento verde, los dientes de ajo y los tomates. Una vez picados todos estos ingredientes, échalos a una cazuela con aceite para que se pochen durante 10 minutos. Transcurrido este tiempo, añade 4 ó 5 granos de pimienta y una hoja de laurel. Deja a fuego lento 5 minutos más. Después, agrega las lentejas —que habrán estado en remojo desde la noche anterior—, cubre con agua y deja cocer a fuego medio durante 30 minutos, vigilando el agua para que no se sequen. Sazona al gusto y añade las patatas fritas y el plátano cortado en rodajas.
Deja a fuego lento 5 minutos y sirve, comprobando antes el punto de sal.

- Diabetes
- Estreñimiento
- Hipertensión arterial
- Insuficiencia renal
- Obesidad
- Osteoporosis
- Colesterol

Plato saludable que se puede recomendar para cualquier persona hasta un consumo de dos veces por semana, con excepción de pacientes con insuficiencia renal y obesos con y sin problemas de colesterol, que deben consumirlo de forma esporádica. Está especialmente recomendado para deportistas. También para personas con estreñimiento por su contenido en fibra.

POR PERSONA

Calorías totales: 566 kcal
Proteínas: 33 g (23%)
Hidratos de carbono: 91 g (64%)
Grasas totales: 7,8 g (12%)
Saturada: 1,1%
Monoinsaturada: 5,7%
Poliinsaturada: 1%
Colesterol: 0 mg
Fibra alimentaria: 8,6 g
Calcio: 106,4 mg
Hierro: 10,1 mg
Potasio: 1.594,5 mg
Sodio: 45 mg

SOPAS Y CREMAS

Consome de pasta

Ingredientes

100 g de pasta • 1 litro de caldo • 20 tortellinis cocidos • sal • aceite

- Diabetes
- Estreñimiento
- Hipertensión arterial
- Insuficiencia renal
- Obesidad
- Osteoporosis
- Colesterol

Plato muy saludable y recomendado para el consumo por parte de cualquier persona, tanto sana como enferma.

POR PERSONA

Calorías totales: 180 kcal
Proteínas: 4,6 g (10%)
Hidratos de carbono: 27,5 g (61%)
Grasas totales: 5,7 g (29%)
Saturada: 4%
Monoinsaturada: 18,5%
Poliinsaturada: 3%
Colesterol: 0 mg
Fibra alimentaria: 0,7 g
Calcio: 10 mg
Hierro: 0,6 mg
Potasio: 55 mg
Sodio: 136 mg

Elaboracion

Cuece la pasta en una cocedera, colocando el caldo abajo y encima la pasta, y deja hervir unos 8 ó 10 minutos. Una vez cocida, escúrrela y sírvela en una sopera, añade después el caldo caliente y los tortellinis cocidos. Rectifica de sal y adorna con un chorro de aceite.

CREMA DE ALCACHOFAS CON ALMEJAS

Ingredientes

12 alcachofas • 5 patatas • 400 g de almejas • 2 dientes de ajo • aceite de oliva

ELABORACION

Limpia bien las alcachofas y úntalas con limón para que no se ennegrezcan. Pela las patatas y trocéalas. Cuece las patatas y las alcachofas en agua y cuando estén listas, pásalas por la batidora y agrégales un buen chorro de aceite. Pon a punto de sal.

En una sartén con un poco de aceite, fríe un poquito de ajo y añade las almejas para que se abran. Cuando ya estén todas abiertas, incorpora a la crema y sirve.

- Diabetes
- Estreñimiento
- Hipertensión arterial
- Insuficiencia renal
- Obesidad
- Osteoporosis
- Colesterol

Plato especialmente recomendado para el consumo por parte de personas obesas, con problemas de colesterol, diabéticas, con osteoporosis, con hipertensión o que sufran de estreñimiento.
Deben consumirlo esporádicamente personas con insuficiencia renal.

POR PERSONA

Calorías totales: 256 kcal
Proteínas: 18,7 g (29%)
Hidratos de carbono: 31,1 g (48%)
Grasas totales: 6,5 g (23%)
Saturada: 2,5%
Monoinsaturada: 12,7%
Poliinsaturada: 1,8%
Colesterol: 50 mg
Fibra alimentaria: 3,6 g
Calcio: 210 mg
Hierro: 1,4 mg
Potasio: 703 mg
Sodio: 30 mg

CREMA DE APIO

Ingredientes

1/2 kg de apio • perejil picado • 1/2 vaso de nata líquida• sal • agua • 1 cuch. de harina de maíz refinada • unas rebanadas de pan • aceite

- Diabetes
- Estreñimiento
- Hipertensión arterial
- Insuficiencia renal
- Obesidad
- Osteoporosis
- Colesterol

Plato especialmente recomendado para el consumo por personas obesas, hipertensas o diabéticas.
Deben consumirlo esporádicamente quienes tengan problemas de colesterol o insuficiencia renal.

POR PERSONA

Calorías totales: 132 kcal
Proteínas: 2,5 g (8%)
Hidratos de carbono: 9 g (27%)
Grasas totales: 9,8 g (67%)
Saturada: 24,5%
Monoinsaturada: 33,4%,
Poliinsaturada: 4,1%
Colesterol: 16 mg
Fibra alimentaria: 2,7 g
Calcio: 90 mg
Hierro: 0,7 mg
Potasio: 378 m
Sodio: 128 mg

ELABORACION

Cuece las hojas y partes verdes del apio, bien limpias y cortadas en trocitos, durante 20 minutos en agua con sal.

Con ayuda de la batidora, tritura el apio y desespuma.

Pasa la crema por un chino y después mézclala con la nata líquida, calentándola durante 2 ó 3 minutos, hasta que ligue la crema. Pon a punto de sal y, si te queda muy ligera, espésala con un poco de harina de maíz refinada, diluida en agua.

Por último, espolvorea con perejil picado y adorna con unos costrones de pan fritos en aceite bien caliente.

CREMA DE CALABAZA

Ingredientes

1/2 kg de calabaza roja • 2 cebollas • 2 zanahorias • 1 puerro • 1 diente de ajo • 1/2 pimiento verde • 1 vasito de tomate natural hecho • 2 patatas nuevas • 1/2 vaso de aceite • agua • sal

- Diabetes
- Estreñimiento
- Hipertensión arterial
- Insuficiencia renal
- Obesidad
- Osteoporosis
- Colesterol

Plato muy saludable y recomendado para cualquier tipo de personas, tanto sanas como enfermas. Especialmente indicado para personas con obesidad.

ELABORACION

Pica la verdura y ponla a rehogar en una cazuela con el medio vaso de aceite a fuego lento.

Mientras, saca la carne de la calabaza y córtala en trozos como la verdura. Haz lo mismo con las patatas. Cuando la verdura empiece a dorarse, añade la calabaza y las patatas. Rehoga todo un poco con las verduras y añade agua hasta que lo cubra. Sazona y añade el vasito de tomate.

Mantenlo a fuego lento durante una hora aproximadamente.

Cuando esté hecho, pásalo por la batidora y luego por el chino para que quede una crema suave al paladar.

POR PERSONA

Calorías totales: 120 kcal
Proteínas: 2,9 g (10%)
Hidratos de carbono: 15,9 g (53%)
Grasas totales: 5,7 g (42%)
Saturada: 6%
Monoinsaturada: 27,8%
Poliinsaturada: 3,8%
Colesterol: 0 mg
Fibra alimentaria: 4,1 g
Calcio: 85 mg
Hierro: 1,1 mg
Potasio: 424 mg
Sodio: 58 mg

CREMA DE CEBOLLAS

Ingredientes

1 kg de cebollas • 300 g de patatas • 12 cebollitas pequeñitas • 3 dientes de ajo • 12 rebanadas de pan • agua • aceite

Para la guarnición: 1 calabacín

- Diabetes
- Estreñimiento
- Hipertensión arterial
- Insuficiencia renal
- Obesidad
- Osteoporosis
- Colesterol

Plato especialmente recomendado para el consumo por parte de personas obesas, con problemas de colesterol, con hipertensión, que sufran de estreñimiento o con insuficiencia renal. Deben consumirlo esporádicamente las personas diabéticas.

POR PERSONA

Calorías totales: 285 kcal
Proteínas: 6,7 g (9%)
Hidratos de carbono: 51,7 g (73%)
Grasas totales: 5,7 g (18%)
  Saturada: 2,2%
  Monoinsaturada: 11,4%
  Poliinsaturada: 1,6%
Colesterol: 0 mg
Fibra alimentaria: 4,9 g
Calcio: 108 mg
Hierro: 2 mg
Potasio: 470 mg
Sodio: 118 mg

ELABORACION

Corta la cebolla en juliana y la rehogas en una cazuela con aceite. Cuando esté doradita, añade las patatas y el agua. Deja cocer 45 minutos a fuego lento hasta que espese. Prueba cómo está de sal y lo pasas por la batidora. A la crema que resulte tras esta operación le añades las cebollitas cocidas en agua. En una sartén con aceite fríe los ajos y cuando estén dorados añádelos a la crema. En ese mismo aceite fríe las rebanadas de pan. Como guarnición puedes acompañar con unas rodajas de calabacín frito.

CREMA DE CHAMPIÑONES

Ingredientes

1 kg de champiñones • 1 cebolla pequeña • 1 tomate • 1 diente de ajo • costrones de pan frito • aceite • sal • perejil picado • 1 1/2 litro de agua

- Diabetes
- Estreñimiento
- Hipertensión arterial
- Insuficiencia renal
- Obesidad
- Osteoporosis
- Colesterol

Plato especialmente recomendado para personas obesas, con problemas de colesterol, diabéticas, con hipertensión o que sufran de estreñimiento.
Deben consumirlo esporádicamente las personas con insuficiencia renal.

ELABORACION

Lava y limpia los champiñones.
Pica la cebolla, el tomate y el ajo y ponlo a rehogar en una cazuela con aceite.
Reserva 8 champiñones; el resto los fileteas y los agregas a la cazuela. Espera a que estén rehogados para echar el agua. Deja cocer a fuego suave hasta que se evapore por lo menos medio litro (unos 30 minutos). Pon a punto de sal y pasa por la batidora para conseguir una crema uniforme.
Los champiñones restantes los fileteas y salteas en una sartén con aceite y perejil picado.
Sirve la crema acompañada con los costrones de pan frito y los champiñones salteados.

POR PERSONA

Calorías totales: 158 kcal
Proteínas: 7,4 g (19%)
Hidratos de carbono: 18,9 g (48%)
Grasas totales: 5,9 g (34%)
  Saturada: 4%
  Monoinsaturada: 20,5%
  Poliinsaturada: 2,8%
Colesterol: 0 mg
Fibra alimentaria: 8,4 g
Calcio: 42 mg
Hierro: 2,8 mg
Potasio: 1.343 mg
Sodio: 69 mg

Crema de esparragos con almejas

Ingredientes

3 manojos de espárragos verdes • 2 patatas • 400 g de almejas • 1 cebolleta • 2 dientes de ajo • aceite de oliva • sal • agua

- Diabetes
- Estreñimiento
- Hipertensión arterial
- Insuficiencia renal
- Obesidad
- Osteoporosis
- Colesterol

Plato muy saludable y recomendado para cualquier persona. Pueden consumirlo sin límite quienes padezcan insuficiencia renal.
Deben consumirlo con moderación las personas con ácido úrico elevado.

POR PERSONA

Calorías totales: 146 kcal
Proteínas: 13,8 g (38%)
Hidratos de carbono: 9,5 g (26%)
Grasas totales: 6,1 g (38%)
    Saturada: 4,3%
    Monoinsaturada: 22,2%
    Poliinsaturada: 3,1%
Colesterol: 50 mg
Fibra alimentaria: 2 mg
Calcio: 159 g
Hierro: 2,3 mg
Potasio: 256 mg
Sodio: 4,5 mg

Elaboracion

Pela las patatas y cuécelas durante 15 minutos en una cazuela con agua. Después, incorpora los espárragos bien limpios y troceados y déjalos cocer otros 10 minutos aproximadamente. Una vez cocido todo, tritúralo y pon a punto de sal. Si quieres obtener una crema más fina pasa el puré por el chino.
En una sartén con un poco de aceite pocha una cebolleta picada y dos dientes de ajo. Cuando estén dorados, añade las almejas y espera que se abran. Una vez abiertas, agrégaselas a la crema. Deja hacer unos minutos y sirve.

CREMA DE PUERROS CON ESPARRAGOS

Ingredientes

***1 kg de puerros • 3 patatas • agua • sal •
24 yemas de espárragos verdes • aceite de oliva •
12 rebanadas de pan***

- Diabetes
- Estreñimiento
- Hipertensión arterial
- Insuficiencia renal
- Obesidad
- Osteoporosis
- Colesterol

Plato especialmente recomendado para el consumo de cualquier persona, tanto sana como enferma, a excepción de personas obesas y con insuficiencia renal, que deben consumirlo esporádicamente. Especialmente recomendado para quienes sufran de estreñimiento o con osteoporosis.

POR PERSONA

Calorías totales: 358 kcal
Proteínas: 11,3 g (13%)
Hidratos de carbono: 63,1 g (70%)
Grasas totales: 6,6 g (17%)
Saturada: 2%
Monoinsaturada: 9,3%
Poliinsaturada: 1,2%
Colesterol: 0 mg
Fibra alimentaria: 11,4 g
Calcio: 226 mg
Hierro: 3,9 mg
Potasio: 906 mg
Sodio: 426 mg

ELABORACION

Limpia bien los puerros. Pon agua a hervir y agrega los puerros picados junto con las patatas peladas y troceadas, la sal y un chorrito de aceite de oliva —si es virgen, mejor— y deja que cueza durante 30 minutos aproximadamente. Una vez cocido, tritúralo y pásalo por la batidora y, si lo quieres más fino, por el chino.

Cuece las yemas de espárragos durante 1 minuto y después añádelas a la crema. Acompaña esta crema con picatostes de pan que habrás frito en aceite.

Por último, adorna la crema con un chorrito de aceite crudo.

Sopa de ajos con almejas

Ingredientes

150 g de pan del día anterior • 4 dientes de ajo • aceite • 1 cuch. de las de café de pimentón • 1/4 kg de almejas • $1^{1/2}$ litro de agua • sal

- Diabetes
- Estreñimiento
- Hipertensión arterial
- Insuficiencia renal
- Obesidad
- Osteoporosis
- Colesterol

Plato especialmente recomendado para el consumo por personas obesas, con hipertensión, con insuficiencia renal o con problemas de colesterol. Deben consumirlo esporádicamente quienes tengan ácido úrico elevado.

POR PERSONA

Calorías totales: 158 kcal
Proteínas: 9 g (23%)
Hidratos de carbono: 17,9 g (46%)
Grasas totales: 5,8 g (33%)
  Saturada: 4%
  Monoinsaturada: 20,5%
  Poliinsaturada: 3,4%
Colesterol: 30 mg
Fibra alimentaria: 1,2 g
Calcio: 106 mg
Hierro: 1 mg
Potasio: 56 mg
Sodio: 150 mg

Elaboracion

En una cazuela con aceite pon a dorar el ajo. Una vez dorado, incorpora el pan duro picado; rehoga y añade el pimentón. Vuelve a rehogar bien y agrega el agua y la sal. Deja cocer a fuego suave unos 20 minutos. Pasado este tiempo, añade las almejas, prueba de sal, deja cocer otros 15 minutos más y sirve.

SOPA DE AZAFRAN

Ingredientes

1/2 cuch. de azafrán • 1 cebolleta • 2 puerros • 2 dientes de ajo • 1 litro de caldo de verduras • 100 g de pan casero tostado • 5 rebanadas de pan • sal • aceite

- Diabetes
- Estreñimiento
- Hipertensión arterial
- Insuficiencia renal
- Obesidad
- Osteoporosis
- Colesterol

Plato muy saludable y recomendado especialmente para personas obesas, con problemas de colesterol y personas con insuficiencia renal.

ELABORACION

Pon al fuego una cazuela con el caldo.
Por otra parte, pica muy fino la cebolleta, los puerros y el ajo. Pon todo a pochar con aceite en una cazuela. Cuando se doren, añade el pan tostado y troceado. Rehoga bien y agrega el azafrán y el caldo hirviendo. Puedes dejar cocer a fuego suave 30 minutos o meter en el horno caliente a 180 grados, también 30 minutos. Cuando la sopa esté lista, fríe las rebanadas de pan, úntalas con ajo y colócalas en ella.

POR PERSONA

Calorías totales: 181 kcal
Proteínas: 3,8 g (8%)
Hidratos de carbono: 29,1 g (64%)
Grasas totales: 5,5 g (27%)
Saturada: 4%
Monoinsaturada: 17,9%
Poliinsaturada: 3%
Colesterol: 0 mg
Fibra alimentaria: 2,8 g
Calcio: 64 mg
Hierro: 0,6 mg
Potasio: 93 mg
Sodio: 256 mg

Sopa de cebolla

Ingredientes

1 1/2 litro de caldo de verduras o de ave (agua, sal, verduras o ave) • 3 cebolletas • aceite de oliva • 12 rebanadas de pan tostado • queso rallado • sal • 1 diente de ajo

- Diabetes
- Estreñimiento
- Hipertensión arterial
- Insuficiencia renal
- Obesidad
- Osteoporosis
- Colesterol

Plato saludable recomendado especialmente para personas obesas o con insuficiencia renal.
No deben consumirlo personas hipertensas o con insuficiencia cardíaca.

POR PERSONA

Calorías totales: 232 kcal
Proteínas: 6 g (10%)
Hidratos de carbono: 35,8 g (62%)
Grasas totales: 7,3 g (28%)
Saturada: 6,2%
Monoinsaturada: 15,9%
Poliinsaturada: 2,7%
Colesterol: 5 mg
Fibra alimentaria: 3,6 mg
Calcio: 124 g
Hierro: 0,7 mg
Potasio: 158 mg
Sodio: 520 mg

Elaboracion

Prepara un caldo de ave o de verduras dejando cocer dos o tres horas sus ingredientes. Cuanto más concentrado, mejor. Cuélalo y déjalo reposar para poder quitarle luego la grasa.

Rehoga la cebolleta cortada en tiras finas en una cazuela con sal y aceite de oliva, y póchala a fuego lento durante 10 ó 15 minutos hasta que empiece a tomar color dorado. Sazona. Añade luego el caldo y deja cocer otros 25 ó 30 minutos a fuego no muy fuerte. Prueba la sopa de sal, añade las rebanadas de pan untadas con el diente de ajo pelado y cortado por la mitad. Espolvorea con queso rallado y por último gratina la sopa en el horno durante 2 minutos y sírvela.

Sopa de lentejas con arroz

Ingredientes

1 cebolleta • 1 zanahoria • 1 pimiento verde • 1/2 hoja de laurel • 1 1/2 litro de caldo de ave • 1 puñado de arroz • 200 g de lentejas • sal • aceite • perejil picado

- Diabetes
- Estreñimiento
- Hipertensión arterial
- Insuficiencia renal
- Obesidad
- Osteoporosis
- Colesterol

Plato recomendado para cualquier persona, tanto sana como enferma, a excepción de personas con insuficiencia renal o con insuficiencia cardíaca.

POR PERSONA

Calorías totales: 339 kcal
Proteínas: 14,8 g (17%)
Hidratos de carbono: 54,8 g (65%)
Grasas totales: 6,8 g (18%)
Saturada: 1,9%
Monoinsaturada: 9,6%
Poliinsaturada: 1,3%
Colesterol: 0 mg
Fibra alimentaria: 3,4 g
Calcio: 54 mg
Hierro: 4 mg
Potasio: 570 mg
Sodio: 182 mg

Elaboracion

Pica toda la verdura muy fina y ponla a pochar en una cazuela con aceite, añade el laurel y sazona. Cuando esté pochado, agrega las lentejas y el caldo de ave y deja cocer la sopa durante 30 minutos a fuego muy suave. Al final de la cocción añade el arroz.

Deja hacer 20 minutos aproximadamente, prueba de sal y sirve.

Adorna el plato con perejil picado.

Sopa de pescado

Ingredientes

1 cabeza de rape pequeña • 300 g de mejillones • 1 cebolleta • 2 dientes de ajo • 1 tomate maduro • agua y sal • 100 g de rape limpio • 100 g de pescadilla limpia • 10 gambas peladas • 1 huevo cocido • pan frito

Para la salsa: 1 cebolleta • 1 diente de ajo • aceite • 1 cuch. de harina • 3 cuch. de salsa de tomate

- Diabetes
- Estreñimiento
- Hipertensión arterial
- Insuficiencia renal
- Obesidad
- Osteoporosis
- Colesterol

Plato especialmente recomendado para personas obesas sin problemas de colesterol, diabéticas o con hipertensión.
No deben consumirlo las personas con colesterol alto o insuficiencia renal.

POR PERSONA

Calorías totales: 172 kcal
Proteínas: 25 g (58%)
Hidratos de carbono: 7,4 g (17%)
Grasas totales: 4,8 g (25%)
- Saturada: 5,6%
- Monoinsaturada: 7,3%
- Poliinsaturada: 4,7%

Colesterol: 159 mg
Fibra alimentaria: 0,9 g
Calcio: 155 mg
Hierro: 7 mg
Potasio: 555 mg
Sodio: 103 mg

Elaboracion

Pon en una cazuela la cabeza de rape troceada, los mejillones y la verdura troceada. Sazona y agrega 2 litros de agua y pon al fuego a cocer. Cuando empiece a hervir, quita la espuma que saque (espumar) y déjalo hervir a fuego muy suave hasta que reduzca a la mitad. Cuélalo y reserva.
En otra cazuela, pica muy fina la cebolleta y ponla a rehogar con aceite y un diente de ajo. Cuando se dore, añade la harina, mezcla bien y seguidamente la salsa de tomate y el caldo dejando cocer todo por espacio de unos 10 minutos. Por último, agrega el pescado troceado, las gambas y el huevo cocido también picado. Rectifica de sal, deja cocer otros 4 minutos y sirve acompañándola de pan frito.

SOPA DE TOMATE CAMPESTRE

Ingredientes

4 tomates maduros • 12 champiñones • 2 dientes de ajo • 1 cebolleta • 1 pizca de orégano • 3 cuch. de aceite • 1 litro de caldo de carne o de gallina • 1 pimiento choricero • 2 puñados de fideos • sal • 4 panes tostados

- Diabetes
- Estreñimiento
- Hipertensión arterial
- Insuficiencia renal
- Obesidad
- Osteoporosis
- Colesterol

Plato muy saludable y recomendado para cualquier persona, a excepción de aquellas con insuficiencia renal.

ELABORACION

Pela y pica en trozos pequeños el tomate sin pepitas. Corta los champiñones en láminas. Pica un ajo y la cebolleta y rehoga en aceite. Añade luego los champiñones y deja que se haga unos minutos. Sala y agrega el orégano. Echa el tomate y rehoga. Pon el pimiento choricero y el caldo y deja hervir 20 minutos aproximadamente. Agrega los fideos y deja cocer otros 10 ó 15 minutos. Retira el pimiento y añade su carne a la sopa. Para servir, adórnala con los panes tostados y untados con ajo por encima.

POR PERSONA

Calorías totales: 272 kcal
Proteínas: 7,7 g (11%)
Hidratos de carbono: 43,4 g (64%)
Grasas totales: 6,8 g (23%)
- Saturada: 3%
- Monoinsaturada: 12,2%
- Poliinsaturada: 3%

Colesterol: 0 mg
Fibra alimentaria: 2,8 g
Calcio: 27 mg
Hierro: 1,3 mg
Potasio: 438 mg
Sodio: 161 mg

SOPA DE VENDIMIA

Ingredientes

3 patatas • 1/4 kg de bacalao desmigado • 3 ajos • aceite • agua o caldo • sal • 2 puerros • perejil • 4 granos de pimienta negra

- Diabetes
- Estreñimiento
- Hipertensión arterial
- Insuficiencia renal
- Obesidad
- Osteoporosis
- Colesterol

Plato especialmente recomendado para el consumo por parte de personas obesas, con problemas de colesterol o que padezcan insuficiencia renal. Deben consumirlo esporádicamente los hipertensos.

POR PERSONA

Calorías totales: 172 kcal
Proteínas: 17,5 g (41%)
Hidratos de carbono: 13,1 g (31%)
Grasas totales: 5,5 g (28%)
  Saturada: 4,2%
  Monoinsaturada: 18,8%
  Poliinsaturada: 3,1%
Colesterol: 30 mg
Fibra alimentaria: 1,3 g
Calcio: 24 mg
Hierro: 0,6 mg
Potasio: 150 mg
Sodio: 1.887 mg

ELABORACION

En una cazuela con un chorro de aceite fríe los ajos enteros y reserva. Rehoga los puerros limpios y cortados en rodajas, añade las patatas peladas y cortadas en trozos, saltea un par de minutos y agrega agua o caldo hasta cubrir las patatas. Cuando lleve 10 minutos cociendo, incorpora un majado de ajos fritos, perejil picado y pimienta, deja a fuego lento y transcurridos 5 minutos añade el bacalao desmigado. Deja cocer otros 5 minutos. Prueba de sal, pon un chorrito de aceite y sirve.

SOPA DE ZANAHORIAS

Ingredientes

1/2 kg de zanahorias • 40 g de mantequilla • 1 cebolleta picada fina • 1 litro de caldo de verduras • 40 g de arroz • sal • costrones de pan frito

ELABORACION

Corta la zanahoria en rodajas finas. Pica también fina la cebolleta y rehoga junto a la zanahoria en una cazuela con mantequilla a fuego lento.

A continuación, añade el arroz y el caldo caliente, sazona y deja cocer a fuego lento unos 20 minutos. Si queda espeso, agrega más caldo, calienta y, antes de servir, incorpora los costrones de pan frito.

- Diabetes
- Estreñimiento
- Hipertensión arterial
- Insuficiencia renal
- Obesidad
- Osteoporosis
- Colesterol

Plato especialmente recomendado para el consumo por personas obesas, con hipertensión, que sufran de estreñimiento o diabéticas. Deben consumirlo esporádicamente aquellos que padezcan problemas de colesterol o insuficiencia renal.

POR PERSONA

Calorías totales: 196 kcal
Proteínas: 3,2 g (7%)
Hidratos de carbono: 26 g (53%)
Grasas totales: 9 g (41%)
    Saturada: 22%
    Monoinsaturada: 10,6%
    Poliinsaturada: 1%
Colesterol: 25 mg
Fibra alimentaria: 4,3 g
Calcio: 66 mg
Hierro: 1,8 mg
Potasio: 425 mg
Sodio: 116 mg

Sopa fria de pepino

Ingredientes

2 pepinos grandes • 1 trocito de apio • 1 yogur natural • sal • 1 vaso de agua • 1 pizca de pimentón dulce • 2 rebanadas de pan de molde

- Diabetes
- Estreñimiento
- Hipertensión arterial
- Insuficiencia renal
- Obesidad
- Osteoporosis
- Colesterol

Plato muy saludable y recomendado para el consumo por cualquier persona, especialmente obesas, con insuficiencia renal o hipertensas.

POR PERSONA

Calorías totales: 75 kcal
Proteínas: 3,4 g (19%)
Hidratos de carbono: 12,2 g (65%)
Grasas totales: 1,4 g (17%)
Saturada: 8,4%
Monoinsaturada: 3,6%
Poliinsaturada: 1,2%
Colesterol: 3 mg
Fibra alimentaria: 1,5 g
Calcio: 76 mg
Hierro: 0,9 mg
Potasio: 310 mg
Sodio: 133 mg

Elaboracion

Pela, trocea los pepinos y colócalos en una jarra o bol. Agrega el apio limpio y la miga de pan, todo ello troceado junto con el yogur y el vaso de agua. Por último, añade el pimentón dulce, triturándolo todo muy bien con ayuda de una batidora (si quieres que te quede más fino pásalo por un chino). Pon a punto de sal y sirve.

Puedes acompañar la sopa con unas rodajas finas de pepino.

Sopa mallorquina

Ingredientes

1 cebolla • 1 tomate • 5 dientes de ajo • 1 pimiento • 4 hojas de col • 1/2 barra de pan de la víspera • 1 cuch. de pimentón dulce • perejil picado • 1 litro de agua o caldo • aceite de oliva • sal

- Diabetes
- Estreñimiento
- Hipertensión arterial
- Insuficiencia renal
- Obesidad
- Osteoporosis
- Colesterol

Plato saludable y recomendado para el consumo por parte de cualquier persona, tanto sana como enferma, a excepción de los diabéticos.

Elaboracion

En una cazuela con aceite prepara un sofrito con cebolla, tomate, 2 dientes de ajo y pimiento. Todo limpio y picadito. Sazona, agrega agua o caldo y deja cocer unos minutos. Seguidamente, agrega las hojas de col troceadas y deja al fuego entre 10-15 minutos.

Aparte, en una sartén con un chorrito de aceite dora 3 dientes de ajo pelados y cortados en láminas. A continuación, coloca en capas las rebanadas finas de pan alternando con las hojas de col y las verduras. Agrega el caldo de la cocción de las verduras para que se empape el pan. Deja reposar.

En una sartén con un chorro de aceite haz un refrito de pimentón. Agrega un chorrito de agua, espolvorea con perejil y viértelo sobre la sopa.

Puedes servirlo en caliente o en frío.

POR PERSONA

Calorías totales: 208 kcal
Proteínas: 8,1 g (10%)
Hidratos de carbono: 33,9 g (65%)
Grasas totales: 5,6 g (25%)
Saturada: 3,4%
Monoinsaturada: 15,6%
Poliinsaturada: 2,5%
Colesterol: 0 mg
Fibra alimentaria: 3,6 g
Calcio: 80 mg
Hierro: 1 mg
Potasio: 362 mg
Sodio: 261 mg

Sopa rapida de verduras

Ingredientes

2 cebolletas • 1 zanahoria • 1 pimiento verde • 1 tomate • 50 g de jamón curado en dados • 2 puñados de fideos • sal • 1 1/2 litro de caldo de verduras o de carne, o agua • 50 g de chorizo en dados • aceite

- Diabetes
- Estreñimiento
- Hipertensión arterial
- Insuficiencia renal
- Obesidad
- Osteoporosis
- Colesterol

Plato muy saludable y recomendado para cualquier persona sin limitación por cualquier enfermedad, ni en la cantidad, a excepción de personas con problemas de colesterol.

POR PERSONA

Calorías totales: 266 kcal
Proteínas: 8,1 g (12%)
Hidratos de carbono: 28,3 g (42%)
Grasas totales: 13,5 g (45%)
Saturada: 12,5%
Monoinsaturada: 24,3%
Poliinsaturada: 4,7%
Colesterol: 16 mg
Fibra alimentaria: 2,9 g
Calcio: 41 mg
Hierro: 1,3 mg
Potasio: 200 mg
Sodio: 136 mg

Elaboracion

Pica toda la verdura bien fina y ponla a pochar en una cazuela con un poco de aceite. Sazona. Cuando esté dorada, añade el chorizo y el jamón en dados y rehoga. Agrega el caldo o agua, y cuando empiece a hervir, desespuma. Echa los fideos y déjalo cocer a fuego suave durante 20 ó 25 minutos. Prueba de sal y sirve.

CARNES Y AVES

Alas de pollo al brandy

Ingredientes

16 alas de pollo • 2 cebollas • 2 copitas de brandy • 24 uvas peladas • una pizca de tomillo • una pizca de romero • un trocito de mantequilla • perejil picado • aceite de oliva • sal • pimienta • 3 dientes de ajo

- Diabetes
- Estreñimiento
- Hipertensión arterial
- Insuficiencia renal
- Obesidad
- Osteoporosis
- Colesterol

Plato especialmente recomendado para el consumo por personas hipertensas, diabéticas u obesas.
Deben consumirlo esporádicamente quienes tengan problemas de colesterol o con insuficiencia renal.

POR PERSONA

Calorías totales: 310 kcal
Proteínas: 29,6 g (38%)
Hidratos de carbono: 10,1 g (13%)
Grasas totales: 13,9 g (41%)
Saturada: 11,9%
Monoinsaturada: 20,3%
Poliinsaturada: 4,1%
Colesterol: 129 mg
Fibra alimentaria: 0,4 g
Calcio: 28 mg
Hierro: 1,6 mg
Potasio: 601 mg
Sodio: 115 mg

Elaboracion

En una sartén con aceite rehoga las alas salpimentadas hasta que estén doraditas, con unas pizcas de romero y tomillo, los dientes de ajo enteros y la cebolla muy picada.
A continuación, desgrasa y añade un trocito de mantequilla y el brandy y flambea. Espolvorea con perejil picado y agrega las uvas peladas. Déjalo hacer unos minutos para que se mezclen bien todos los sabores y sirve.

Alas de pollo con brochetas de pimiento y tomate

Ingredientes

16 alas de pollo • 2 pimientos verdes • sal • aceite de oliva • harina

Para las brochetas: 6 tomates pequeños • 6 pimientos verdes pequeños

Elaboracion

Primero confecciona las dos brochetas, una con los tomatitos y otra con los pimientos verdes, y coloca en la parrilla.

Después, pasa por harina las alas de pollo y fríelas con 2 pimientos verdes. Este plato preséntalo acompañando el pollo y los pimientos con las 2 brochetas como guarnición.

- Diabetes
- Estreñimiento
- Hipertensión arterial
- Insuficiencia renal
- Obesidad
- Osteoporosis
- Colesterol

Plato muy saludable y recomendado para cualquier tipo de personas, tanto sanos como enfermos, con un consumo de hasta dos veces por semana, a excepción de aquellas con insuficiencia renal.

POR PERSONA

Calorías totales: 247 kcal
Proteínas: 29,8 g (48%)
Hidratos de carbono: 6,3 g (10%)
Grasas totales: 11,2 g (48%)
Saturada: 9,8%
Monoinsaturada: 23%
Poliinsaturada: 5,1%
Colesterol: 122 mg
Fibra alimentaria: 1 g
Calcio: 22 mg
Hierro: 1,8 mg
Potasio: 641 mg
Sodio: 113 mg

BROCHETAS DE CHAMPIÑONES Y POLLO

Ingredientes

12 champiñones •4 palos de brochetas • 2 pechugas de pollo • aceite de oliva • sal • pimienta • 4 pimientos verdes en tiras

- Diabetes
- Estreñimiento
- Hipertensión arterial
- Insuficiencia renal
- Obesidad
- Osteoporosis
- Colesterol

Plato muy saludable y recomendado para el consumo por parte de cualquier persona, tanto sana como enferma, a excepción de quienes padezcan insuficiencia renal, que pueden consumirlo de forma moderada.

POR PERSONA

Calorías totales: 130 kcal
Proteínas: 12,7 g (39%)
Hidratos de carbono: 2,8 g (8%)
Grasas totales: 7,6 g (52%)
Saturada: 10,4%
Monoinsaturada: 32,5%
Poliinsaturada: 5,5%
Colesterol: 48 mg
Fibra alimentaria: 1,6 g
Calcio: 13 mg
Hierro: 1,1 mg
Potasio: 464 mg
Sodio: 48 mg

ELABORACION

Haz cuatro brochetas intercalando champiñones ya limpios con los taquitos de pechuga de pollo. Salpimenta y pon a la plancha con un chorrito de aceite, dándole la vuelta cada 3 minutos aproximadamente.

Para servir, acompaña con tiras de pimiento verde frito.

Conejo a la jardinera

Ingredientes

400 g de conejo • 200 g de guisantes • 1 hoja de laurel • 1 vaso de vino blanco • 1 cebolla • 2 tomates • caldo de carne • pimienta negra • 4 alcachofas • 1 pimiento verde • aceite de oliva • sal

- Diabetes
- Estreñimiento
- Hipertensión arterial
- Insuficiencia renal
- Obesidad
- Osteoporosis
- Colesterol

Plato especialmente recomendado para personas con hipertensión, con problemas de colesterol, con diabetes o que sufran de estreñimiento. Deben consumirlo esporádicamente personas con insuficiencia renal u obesas.

POR PERSONA

Calorías totales: 336 kcal
Proteínas: 28,8 g (34%)
Hidratos de carbono: 22,5 g (27%)
Grasas totales: 13,6 g (36%)
- Saturada: 8,8%
- Monoinsaturada: 17,7%
- Poliinsaturada: 4%

Colesterol: 65 mg
Fibra alimentaria: 4,6 g
Calcio: 80 mg
Hierro: 2,2 mg
Potasio: 949 mg
Sodio: 69 mg

Elaboracion

Dile al carnicero que te trocee el conejo.

Pocha con aceite la cebolla, el tomate y el pimiento verde, muy picados, hasta tener un buen sofrito. Añade el conejo junto con la hoja de laurel y rehoga bien, dándole vueltas hasta que tome color. Salpimenta y agrega el vaso de vino blanco. Deja al fuego, con la cazuela destapada, hasta que se haya evaporado casi todo el vino (5 ó 6 minutos).

Cubre el guiso con el caldo de carne, incorporando las alcachofas y los guisantes cuando empiece a hervir. Tapa la cazuela, baja el fuego y deja cocer durante 45 minutos.

Rectifica el punto de sal antes de servir.

Conejo picante

Ingredientes

1/2 conejo (trasero) • 1 cebolla • 1 kg de tomates maduros • 2 pimientos choriceros • 1/2 guindilla • sal • aceite • 2 ajos

- Diabetes
- Estreñimiento
- Hipertensión arterial
- Insuficiencia renal
- Obesidad
- Osteoporosis
- Colesterol

Plato especialmente recomendado para personas con hipertensión, diabéticas u obesas.
Deben consumirlo esporádicamente personas con insuficiencia renal o con problemas de colesterol.

POR PERSONA

Calorías totales: 311 kcal
Proteínas: 34 g (44%)
Hidratos de carbono: 4,5 g (6%)
Grasas totales: 17,1 g (50%)
 Saturada: 13,3%
 Monoinsaturada: 23,4%
 Poliinsaturada: 5,8%
Colesterol: 98 mg
Fibra alimentaria: 0,7 g
Calcio: 39 mg
Hierro: 1,8 mg
Potasio: 665 mg
Sodio: 64 mg

Elaboracion

Sala el conejo. Estíralo lo más posible y colócalo sobre la parrilla hasta que quede bien dorado (30 minutos aproximadamente).
Pocha en una cazuela con aceite la cebolla picada y el ajo. Cuando la cebolla se dore, añade el tomate picado, la guindilla y el pimiento choricero entero. Deja que cueza a fuego lento hasta que reduzca a la mitad. Saca la guindilla y los pimientos choriceros. Descarna estos últimos y añádelos a la salsa. Pásalo todo por el pasapuré y prueba de sal. Coloca el conejo en una bandeja y salsea por encima.

FRICANDO DE TERNERA

Ingredientes

8 filetes de redondo de ternera • 1 cebolla • 1/2 kg de tomates maduros • 10 champiñones • harina •aceite • sal • orégano • tomillo • pimienta

ELABORACION

Espolvorea los filetes con la sal, la pimienta, el orégano y el tomillo.
A continuación, pásalos por harina y fríelos en una sartén con aceite a fuego fuerte. Saca los filetes a una cazuela.
En la misma sartén haz un sofrito con la cebolla picada muy fina y los tomates maduros. Tenlos en la sartén entre 8 y 10 minutos. Transcurrido este tiempo, añade este sofrito a la cazuela con los filetes y agrega los champiñones limpios y fileteados.
Deja cocer todo a fuego lento para que reduzca el caldo y la carne quede tierna.

- Diabetes
- Estreñimiento
- Hipertensión arterial
- Insuficiencia renal
- Obesidad
- Osteoporosis
- Colesterol

Plato especialmente recomendado para el consumo por parte de personas con hipertensión, con diabetes, que sufren de estreñimiento o que tienen anemia por falta de hierro. Deben consumirlo esporádicamente personas con insuficiencia renal, obesos o con problemas de colesterol.

POR PERSONA

Calorías totales: 322 kcal
Proteínas: 26,4 g (32%)
Hidratos de carbono: 12,1 g (14%)
Grasas totales: 19,3 g (52%)
    Saturada: 13,6%
    Monoinsaturada: 28,5%
    Poliinsaturada: 2,2%
Colesterol: 88 mg
Fibra alimentaria: 3,1 g
Calcio: 36 mg
Hierro: 5 mg
Potasio: 971 mg
Sodio: 51 mg

Guisado de ternera primaveral

Ingredientes

1/2 kg de carne troceada • 12 zanahorias torneadas • 1 bol pequeño de guisantes frescos • 8 cebollitas pequeñas • 12 patatas torneadas • 12 champiñones • aceite • sal • pimienta • harina • 1 vasito de vino blanco • perejil picado

- Diabetes
- Estreñimiento
- Hipertensión arterial
- Insuficiencia renal
- Obesidad
- Osteoporosis
- Colesterol

Plato especialmente recomendado para el consumo por personas obesas, con hipertensión, con problemas de colesterol, diabéticas o que sufran de estreñimiento.
Deben consumirlo esporádicamente personas con insuficiencia renal.

POR PERSONA

Calorías totales: 278 kcal
Proteínas: 28,3 g (41%)
Hidratos de carbono: 23,4 g (34%)
Grasas totales: 7,8 g (25%)
Saturada: 5,5%
Monoinsaturada: 13,6%
Poliinsaturada: 2,3%
Colesterol: 88 mg
Fibra alimentaria: 7 g
Calcio: 81 mg
Hierro: 6,4 mg
Potasio: 907 mg
Sodio: 184 mg

Elaboracion

Trocea la carne, sazónala, la pasas por harina y la fríes en una sartén con aceite. Cuando la carne está dorada, añade las patatas y las zanahorias peladas y troceadas. También incorpora los champiñones, las cebollitas, los guisantes y el vaso de vino.

Rehoga un par de minutos y cubre todo con agua. Deja cocer durante una hora y cuarto a fuego lento.

Transcurrido este tiempo, la carne ya estará bien cocida, prueba de sal y sirve.

Ingredientes

1 pollo • 1 pimiento morrón • 1 pimiento verde • 1 cebolleta • 3 dientes de ajo • 20 almendras tostadas • 1 yema de huevo • 1 vaso de vino blanco • 1 vaso de caldo • sal • aceite

- Diabetes
- Estreñimiento
- Hipertensión arterial
- Insuficiencia renal
- Obesidad
- Osteoporosis
- Colesterol

Plato especialmente recomendado para personas con hipertensión, diabéticas o que sufran de estreñimiento. Deben consumirlo esporádicamente personas obesas, con problemas de colesterol o con insuficiencia renal.

POR PERSONA

Calorías totales: 316 kcal
Proteínas: 23,4 g (29%)
Hidratos de carbono: 7,5 g (9%)
Grasas totales: 21 g (60%)
Saturada: 9,1%
Monoinsaturada: 36,7%
Poliinsaturada: 8,8%
Colesterol: 135 mg
Fibra alimentaria: 3,3 g
Calcio: 73 mg
Hierro: 2,3 mg
Potasio: 546 mg
Sodio: 83 mg

ELABORACION

Comienza troceando el pollo en una cazuela con aceite. Echa también los pimientos cortados en tiras, la cebolleta en aros y el ajo entero. Déjalo freír todo hasta que se dore un poco. Añade la sal. Cuando esté dorado, retira el ajo y echa el vino y el caldo. Déjalo cocer a fuego lento durante 30 ó 40 minutos hasta que el pollo esté hecho.

En un mortero maja las almendras, los dientes de ajo y la yema. Agrega esta mezcla al guiso y prueba de sal. Déjalo 5 minutos más al fuego antes de servir.

LONCHITAS DE TERNERA AL TXAKOLI

Ingredientes

800 g de redondo de ternera • 1 cebolla grande • 1 vaso de txakolí • 200 g de champiñones • aceite de oliva • 1 cucharadita de harina • pimienta • perejil picado • sal

Para la guarnición: pasta cocida

- Diabetes
- Estreñimiento
- Hipertensión arterial
- Insuficiencia renal
- Obesidad
- Osteoporosis
- Colesterol

Plato especialmente recomendado para el consumo por parte de personas obesas, diabéticas e hipertensas.
Deben consumirlo esporádicamente personas con problemas de colesterol e insuficiencia renal.

POR PERSONA

Calorías totales: 297 kcal
Proteínas: 40 g (54%)
Hidratos de carbono: 12 g (16%)
Grasas totales: 8,7 g (26%)
Saturada: 7%
Monoinsaturada: 14%
Poliinsaturada: 2,7%
Colesterol: 140 mg
Fibra alimentaria: 2,3 g
Calcio: 38 mg
Hierro: 6,8 mg
Potasio: 617 mg
Sodio: 201 mg

ELABORACION

Corta la carne en filetes y salpiméntalos.

Calienta el aceite en una sartén. Fríe la carne a fuego vivo, por turnos, y reserva los filetes ya hechos.

Echa la cebolla picada muy fina en la sartén y espera a que se dore. En ese momento añade los champiñones limpios, lavados y cortados en láminas. Salpiméntalos y ponlos a fuego vivo hasta que empiecen a dorarse. Añade la harina y mezcla bien, vierte el txakolí y déjalo cocer unos minutos. Cuando rompa a hervir agrega la carne.

Calienta y sirve el plato espolvoreándolo con perejil y acompañado de pasta cocida.

MUSLOS DE PAVO CON MENESTRA

Ingredientes

4 muslos de pavo de ración • 4 alcachofas • 2 zanahorias • 2 patatas • 4 espárragos en conserva • 150 g de guisantes cocidos • 3 dientes de ajo • 1 vaso de vino blanco • 2 cuch. de harina • 1 limón • aceite de oliva • sal y pimienta • perejil picado • agua

- Diabetes
- Estreñimiento
- Hipertensión arterial
- Insuficiencia renal
- Obesidad
- Osteoporosis
- Colesterol

Plato muy saludable y recomendado para el consumo por parte de cualquier persona, tanto sana como enferma, a excepción de aquellas con insuficiencia renal.

POR PERSONA

Calorías totales: 299 kcal
Proteínas: 22,9 g (31%)
Hidratos de carbono: 30 g (40%)
Grasas totales: 8,9 g (27%)
Saturada: 5,4%
Monoinsaturada: 15,4%
Poliinsaturada: 3%
Colesterol: 67 mg
Fibra alimentaria: 4,9 g
Calcio: 73 mg
Hierro: 2 mg
Potasio: 813 mg
Sodio: 131 mg

ELABORACION

En una cazuela con aceite, rehoga el ajo troceado y los muslos de pavo salpimentados. Cuando estén bien dorados, agrega la harina y rehógala unos minutos. Moja con el vino removiendo bien y cubre con agua.

Añade las alcachofas limpias, untadas con limón y cortadas en cuatro trozos. Agrega también la zanahoria pelada y troceada. Deja cocer a fuego lento 30 minutos. Seguidamente, echa los guisantes y las patatas peladas y troceadas, que previamente habrás frito en una sartén con aceite.

Espolvorea con perejil picado, añade los espárragos, pon a punto de sal y sirve.

MUSLOS DE POLLO A LA BARBACOA

Ingredientes

4 muslos de pollo • sal gorda • patatas paja • aceite

- Diabetes
- Estreñimiento
- Hipertensión arterial
- Insuficiencia renal
- Obesidad
- Osteoporosis
- Colesterol

Plato saludable y recomendado para el consumo por parte de cualquier persona, tanto sanos como enfermos. Especialmente recomendado para personas con obesidad, con diabetes o insuficiencia renal.

POR PERSONA

Calorías totales: 182 kcal
Proteínas: 16,7 g (37%)
Hidratos de carbono: 9,5 g (21%)
Grasas totales: 8,4 g (41%)
    Saturada: 8,9%
    Monoinsaturada: 25,2%
    Poliinsaturada: 5%
Colesterol: 67 mg
Fibra alimentaria: 1 g
Calcio: 13 mg
Hierro: 1,1 mg
Potasio: 270 mg
Sodio: 70 mg

ELABORACION

Sazona los muslos y colócalos sobre la barbacoa, untados en aceite, durante 20 minutos aproximadamente por cada lado.
Para acompañar el pollo utiliza unas patatas paja previamente fritas.

Muslos de pollo guisados

Ingredientes

4 muslos hermosos de pollo • 1 cebolla • 1 tomate • 3 dientes de ajo • 1 hoja de laurel • 3 rebanadas de pan frito • 50 g de jamón curado • 1 pimiento morrón asado • 1 vaso de vino blanco • 2 vasos de agua • aceite • sal • harina • perejil picado

- Diabetes
- Estreñimiento
- Hipertensión arterial
- Insuficiencia renal
- Obesidad
- Osteoporosis
- Colesterol

Plato muy saludable y recomendado hasta dos veces por semana para cualquier persona. Especialmente indicado para pacientes obesos, hipertensos y enfermos con insuficiencia renal.

Elaboracion

Deshuesa todos los muslos y rellena éstos con un salteado de jamón picado, pimiento morrón picado y cierra el hueco con un palillo.

Pasa los muslos, sazonados, por harina y fríelos sin que se hagan del todo.

En una cazuela pocha el tomate y la cebolla picados junto con una hoja de laurel. Machaca en un mortero los ajos, pelados y troceados, y las rebanadas de pan frito. Cuando la verdura esté pochada, incorpora este majado. Después, agrega el vino blanco, el agua y los muslos de pollo. Pon a punto de sal y deja que se haga de 20 a 25 minutos. Espolvorea con perejil picado, sirve los muslos y salsea.

POR PERSONA

Calorías totales: 245 kcal
Proteínas: 19,6 g (32%)
Hidratos de carbono: 12,2 g (20%)
Grasas totales: 12,7 g (47%)
  Saturada: 11,8%
  Monoinsaturada: 25,7%
  Poliinsaturada: 5,5%
Colesterol: 74,4 mg
Fibra alimentaria: 1,1 g
Calcio: 32 mg
Hierro: 1,4 mg
Potasio: 392 mg
Sodio: 275 mg

Muslos de pollo picantes

Ingredientes

4 muslos de pollo • 2 dientes de ajo • 2 tomates • 1/2 guindilla • 12 aceitunas negras • 1 vaso de vino blanco • 3 patatas medianas • aceite • sal • perejil picado

- Diabetes
- Estreñimiento
- Hipertensión arterial
- Insuficiencia renal
- Obesidad
- Osteoporosis
- Colesterol

Plato especialmente recomendado para personas obesas, con insuficiencia renal, diabética o con problemas de colesterol. Deben consumirlo esporádicamente personas con hipertensión.

POR PERSONA

Calorías totales: 201 kcal
Proteínas: 16,9 g (33%)
Hidratos de carbono: 8,4 g (16%)
Grasas totales: 10,3 g (46%)
  Saturada: 9,4%
  Monoinsaturada: 28,2%
  Poliinsaturada: 4,9%
Colesterol: 67 mg
Fibra alimentaria: 0,8 g
Calcio: 28 mg
Hierro: 1,4 mg
Potasio: 341 mg
Sodio: 385 mg

Elaboracion

Sazona los muslos de pollo y fríelos en una sartén con aceite.

En una cazuela pon a pochar en un poco de aceite el tomate, el ajo picado y la guindilla. Cuando estén ligeramente dorados, añade el pollo y las aceitunas sin hueso fileteadas. Rehógalo todo y a continuación incorpora el vino blanco. Pruébalo de sal y añade el perejil picado. Déjalo cocer a fuego suave hasta que el vino se haya evaporado, unos 10 minutos aproximadamente.

Fríe las patatas en rodajas y añádelas al pollo.

Introdúcelo todo en una fuente y mételo en el horno (arriba y abajo) 10 minutos aproximadamente a unos 180 grados. Sirve.

PECHUGA DE PAVO CON MOSTAZA

Ingredientes

1 pechuga de pavo para 4 personas • 1 vaso de mostaza • harina • sal • aceite • 2 dientes de ajo

Para la guarnición: salsa de tomate • patatas fritas

ELABORACION

Corta la pechuga en filetes y sálalos. Después, úntalos bien con la mostaza y déjalos macerar durante una hora. Pasa los filetes por harina y fríelos en aceite caliente junto con dos dientes de ajo golpeados.
Acompáñalos con la salsa de tomate y unas patatas fritas.

- Diabetes
- Estreñimiento
- Hipertensión arterial
- Insuficiencia renal
- Obesidad
- Osteoporosis
- Colesterol

Plato especialmente recomendado para el consumo por personas con hipertensión, con insuficiencia renal, obesos o diabéticos. Deben consumirlo esporádicamente quienes tengan problemas de colesterol.

POR PERSONA

Calorías totales: 307 kcal
Proteínas: 33,5 g (44%)
Hidratos de carbono: 8,1 g (10%)
Grasas totales: 15,4 g (45%)
Saturada: 12%
Monoinsaturada: 18,2%
Poliinsaturada: 10,6%
Colesterol: 93 mg
Fibra alimentaria: 0,5 g
Calcio: 12 mg
Hierro: 1,1 mg
Potasio: 376 mg
Sodio: 92 mg

PECHUGAS DE POLLO AGRIDULCE

Ingredientes

4 pechugas de pollo • 1/4 litro de caldo • 3 cuch. de pimienta rosa o verde • 1 cuch. de harina de maíz • 1 dl de vinagre • 1/4 kg de setas • sal • azúcar • aceite

Para acompañar: setas a la plancha

- Diabetes
- Estreñimiento
- Hipertensión arterial
- Insuficiencia renal
- Obesidad
- Osteoporosis
- Colesterol

Plato saludable y recomendado para el consumo por parte de cualquier persona, especialmente obesas, con problemas de colesterol y diabéticas.
Deben consumirlo esporádicamente las personas con problemas renales.

POR PERSONA

Calorías totales: 214 kcal
Proteínas: 26,2 g (49%)
Hidratos de carbono: 13,1 g (24%)
Grasas totales: 6,3 g (27%)
Saturada: 8%
Monoinsaturada: 12%
Poliinsaturada: 3%
Colesterol: 96 mg
Fibra alimentaria: 2 g
Calcio: 20 mg
Hierro: 2,2 mg
Potasio: 755 mg
Sodio: 94 mg

ELABORACION

Salpimenta las pechugas limpias. Fríelas en un poco de aceite procurando que queden bien doradas. Resérvalas. Carameliza el azúcar, añádele el vinagre y luego el caldo y por último un poco de pimienta rosa o verde. Para ligar la salsa, agrégale harina de maíz disuelta en agua y deja que espese.
Corta las pechugas en filetes e incorpóralas a la salsa, deja reposar un minuto y sirve acompañado con setas a la plancha.

PECHUGAS DE POLLO VILLEROI

Ingredientes

4 pechugas de pollo • leche • sal • harina • 2 nueces de mantequilla • aceite • huevo • pan rallado • pimienta negra • patatas fritas

ELABORACION

Pon las pechugas, abiertas por la mitad, en leche durante 1 hora. Sácalas y sécalas. Haz la bechamel con dos nueces de mantequilla, dos cucharadas de harina, un vaso grande de leche, sal y pimienta. Cuando esté hecha y bien espesa, mete las pechugas en la bechamel intentando que queden cubiertas por una capa de ésta, y luego colócalas en una placa untada de mantequilla para que no se peguen. Cuando estén frías, pásalas por harina, huevo y pan rallado y fríelas en aceite caliente. Sírvelas acompañadas de patatas fritas.

- Diabetes
- Estreñimiento
- Hipertensión arterial
- Insuficiencia renal
- Obesidad
- Osteoporosis
- Colesterol

Plato especialmente recomendado para el consumo por parte de personas obesas e hipertensas.
Deben consumirlo esporádicamente personas con problemas de colesterol y con insuficiencia renal.

POR PERSONA

Calorías totales: 277 kcal
Proteínas: 24,9 g (36%)
Hidratos de carbono: 10 g (14%)
Grasas totales: 15,2 g (49%)
 Saturada: 16,9%,
 Monoinsaturada: 23,7%
 Poliinsaturada: 4,5%
Colesterol: 136 mg
Fibra alimentaria: 0,6 g
Calcio: 44 mg
Hierro: 1,4 mg
Potasio: 432 mg
Sodio: 153 mg

POLLO A LA CANELA

Ingredientes

1 pollo de 1 1/2 kg aproximadamente • 1 cuch. de canela en polvo o un trozo de canela en rama • 4 dientes de ajo • 1 vasito de vino tinto • agua • sal, perejil y aceite • 1 cucharadita de harina • pimienta

- Diabetes
- Estreñimiento
- Hipertensión arterial
- Insuficiencia renal
- Obesidad
- Osteoporosis
- Colesterol

Plato especialmente recomendado para su consumo por personas diabéticas, obesas, con problemas de colesterol, con insuficiencia renal o con hipertensión.

POR PERSONA

Calorías totales: 204 kcal
Proteínas: 22,3 g (44%)
Hidratos de carbono: 5,4 g (10%)
Grasas totales: 9,6 g (42%)
  Saturada: 9,7%
  Monoinsaturada: 24,7%
  Poliinsaturada: 5,3%
Colesterol: 91 mg
Fibra alimentaria: 0,3 g
Calcio: 12 mg
Hierro: 1,1 mg
Potasio: 376 mg
Sodio: 92 mg

ELABORACION

Trocea el pollo, salpiméntalo y sofríelo en aceite. Cuando tome color, añade los dientes de ajo enteros, el perejil picado y la harina. Rehoga y cubre con agua. Déjalo cocer a fuego suave unos 20 minutos aproximadamente. Pasado ese tiempo, incorpora la canela y el vino tinto. Déjalo cocer 10 minutos más hasta que esté hecho.

Ingredientes

1 pollo • 2 cebollas • 1 ajo • 1 pimiento verde • harina • 1/2 vasito de brandy • 1 vaso de caldo • 2 vasos de cerveza • laurel • 1 tomate • aceite • pimienta • sal

- Diabetes
- Estreñimiento
- Hipertensión arterial
- Insuficiencia renal
- Obesidad
- Osteoporosis
- Colesterol

Plato especialmente recomendado para el consumo por parte de personas obesas e hipertensas.
Deben consumirlo esporádicamente personas con problemas de colesterol y con insuficiencia renal.

POR PERSONA

Calorías totales: 233 kcal
Proteínas: 23 g (39%)
Hidratos de carbono: 9,4 g (16%)
Grasas totales: 9,7 g (37%)
Saturada: 8,5%
Monoinsaturada: 21,6%
Poliinsaturada: 4,6%
Colesterol: 91 mg
Fibra alimentaria: 1 g
Calcio: 24 mg
Hierro: 1,4 mg
Potasio: 507 mg
Sodio: 87 mg

ELABORACION

Trocea el pollo, pica la verdura y saltea en aceite. Rehoga el pollo salpimentado, añade la harina, el brandy y el caldo más la cerveza y deja cocer durante 35 minutos. Puedes adornar con pimientos verdes fritos.

POLLO A LA NARANJA

Ingredientes

600 g de pollo • 3 naranjas • 3 ajos • 2 tomates • 1 cebolla • 1 zanahoria • 1 pimiento verde • caldo de gallina • vino tinto • pimienta negra • sal • aceite • harina de maíz refinada

- Diabetes
- Estreñimiento
- Hipertensión arterial
- Insuficiencia renal
- Obesidad
- Osteoporosis
- Colesterol

Plato especialmente recomendado para el consumo por parte de personas obesas, con hipertensión, con problemas de colesterol, diabéticas o que sufran estreñimiento. Deben consumirlo esporádicamente personas con insuficiencia renal.

POR PERSONA

Calorías totales: 253 kcal
Proteínas: 23,6 g (37%)
Hidratos de carbono: 15,1 g (24%)
Grasas totales: 9,9 g (35%)
    Saturada: 7,8%
    Monoinsaturada: 19,9%
    Poliinsaturada: 3,9%
Colesterol: 91 mg
Fibra alimentaria: 3,1 g
Calcio: 54 mg
Hierro: 1,8 mg
Potasio: 700 mg
Sodio: 98 mg

ELABORACION

Mete dentro del pollo dos naranjas troceadas y coloca sobre él la verdura también troceada.

Coloca el pollo en una tartera con un poco de aceite. Riega todo con vino, caldo y el zumo de naranja.

Salpimenta y mete el pollo en el horno a 180 grados durante 45 minutos. Saca el pollo y trocéalo.

Cuela la salsa y lígala con harina de maíz refinada.

Echa la salsa sobre el pollo y sirve.

POLLO ADOBADO

Ingredientes

800 g de pollo troceado • 1 vaso de vino de oporto • 1 vaso de vino tinto • 1 pizca de tomillo • 1 pizca de romero • unas bolitas de pimienta negra • sal • perejil picado • harina • aceite

Para la guarnición: patatas fritas

- Diabetes
- Estreñimiento
- Hipertensión arterial
- Insuficiencia renal
- Obesidad
- Osteoporosis
- Colesterol

Plato especialmente recomendado para el consumo de personas obesas o con hipertensión. Deben consumirlo esporádicamente quienes tengan problemas de colesterol o insuficiencia renal.

POR PERSONA

Calorías totales: 273 kcal
Proteínas: 29,5 g (43%)
Hidratos de carbono: 9,2 g (14%)
Grasas totales: 11,1 g (37%)
Saturada: 8,9%
Monoinsaturada: 20,8%
Poliinsaturada: 4,6%
Colesterol: 122 mg
Fibra alimentaria: 0,6 g
Calcio: 18 mg
Hierro: 1,6 mg
Potasio: 499 mg
Sodio: 120 mg

ELABORACION

Sazona el pollo y colócalo en un bol con la pimienta, el romero, el tomillo, el vino tinto y el oporto y deja macerar unas 6 horas.
Después, pasa los trozos de pollo escurridos por harina y fríelos en una sartén con aceite.
Sirve el pollo en una fuente espolvoreado con perejil picado y acompáñalo con patatas fritas.

POLLO AL AROMA DE PEDROÑERAS

Ingredientes

Un pollo de 1,5 kg (aprox.) • 5 dientes de ajo • 1/2 pimiento rojo • 1 puerro • 2 patatas • 2 cuch. de harina • 1/2 vaso de vino blanco • perejil picado • aceite de oliva • sal fina y gorda • pimienta • agua

- Diabetes
- Estreñimiento
- Hipertensión arterial
- Insuficiencia renal
- Obesidad
- Osteoporosis
- Colesterol

Plato muy saludable y recomendado para el consumo por cualquier persona, tanto sana como enferma, excepto las que tengan insuficiencia renal.

POR PERSONA

Calorías totales: 234 kcal
Proteínas: 23,2 g (40%)
Hidratos de carbono: 11,5 g (20%)
Grasas totales: 9,7 g (37%)
- Saturada: 9,8%
- Monoinsaturada: 21,5%
- Poliinsaturada: 4,6%

Colesterol: 91 mg
Fibra alimentaria: 1,3 g
Calcio: 25 mg
Hierro: 1,5 mg
Potasio: 449 mg
Sodio: 100 mg

ELABORACION

Limpia el pollo y retírale la piel. Trocéalo y salpimenta.
En una cazuela con un chorro de aceite, pocha el pimiento troceado y el puerro bien picado. Añade el pollo y rehógalo.
Aparte, en un mortero, maja los ajos pelados con sal gorda. Agrega este majado a la cazuela con el pollo. Añade la harina y rehoga. Moja con el vino, remueve para que no se hagan grumos y cubre con agua. Deja cocer durante 30-35 minutos.
En una sartén con aceite caliente fríe las patatas peladas y troceadas. Una vez fritas, escúrrelas bien y agrégalas al guiso. Deja cocer a fuego lento 5 minutos. Espolvorea con perejil picado y sirve.

POLLO ASADO CON PERAS

Ingredientes

600 g de pollo • 5 peras • 1/4 litro de caldo • 1/4 litro de vino fino • 2 dientes de ajo • aceite de oliva • sal • pimienta molida

Para acompañar: calabacín frito

- Diabetes
- Estreñimiento
- Hipertensión arterial
- Insuficiencia renal
- Obesidad
- Osteoporosis
- Colesterol

Plato especialmente recomendado para personas con obesidad, con problemas de colesterol, diabéticos o con hipertensión.
Deben consumirlo esporádicamente personas con insuficiencia renal.

POR PERSONA

Calorías totales: 219 kcal
Proteínas: 18,8 g (34%)
Hidratos de carbono: 13,6 g (25%)
Grasas totales: 9,1 g (37%)
Saturada: 7,8%
Monoinsaturada: 21,8%
Poliinsaturada: 4,2%
Colesterol: 91 mg
Fibra alimentaria: 1,9 g
Calcio: 24 mg
Hierro: 1,4 mg
Potasio: 506 mg
Sodio: 81 mg

ELABORACION

Limpia bien el pollo, sálalo y agrega una pizca de pimienta molida. En su interior coloca el ajo pelado y una pera entera, sin pelar. A continuación, pon el pollo en la placa del horno junto con el resto de las peras colocadas alrededor. Rocíalo con aceite e introdúcelo en el horno ya caliente a 200 grados. A los 20 minutos, añade el caldo y el vino, dándole después la vuelta al pollo para que se haga bien por todos los lados y dejándolo otros 20 minutos a la misma temperatura. Transcurrido este tiempo, sácalo y sírvelo troceado, colocando las peras asadas como guarnición y acompañándolo de unas rodajas de calabacín frito.

POLLO ASADO CON TOMATES

Ingredientes

600 g de pollo • 4 tomates • 2 dientes de ajo • 1 cuch. de mostaza • orégano • aceite • pimienta negra • vinagre • 1 vaso de vino blanco • sal gorda

- Diabetes
- Estreñimiento
- Hipertensión arterial
- Insuficiencia renal
- Obesidad
- Osteoporosis
- Colesterol

Plato especialmente recomendado para el consumo por parte de personas obesas, con problemas de colesterol o diabéticos.
Deben consumirlo esporádicamente personas con insuficiencia renal o con hipertensión.

POR PERSONA

Calorías totales: 213 kcal
Proteínas: 23,2 g (44%)
Hidratos de carbono: 6,7 g (13%)
Grasas totales: 10,1 g (43%)
- Saturada: 9,3%
- Monoinsaturada: 23,7%
- Poliinsaturada: 4,6%

Colesterol: 91 mg
Fibra alimentaria: 1,9 g
Calcio: 29 mg
Hierro: 1,9 mg
Potasio: 726 mg
Sodio: 581 mg

ELABORACION

Prepara primero el majado con la mostaza, cuatro granos de pimienta negra, los ajos y el vinagre. Coloca el majado en la placa de horno. Sobre ésta pon el pollo, limpio y salado.

Unta el interior del pollo con mostaza y alrededor del mismo sitúa los tomates, previamente pinchados, para que suelten su jugo y se mezcle con el del pollo.

Mete en el horno durante una hora a 180 grados. A mitad del asado, añade el vaso de vino blanco y el orégano.

Posteriormente, si ves que el pollo se está quedando seco, puedes agregarle agua o, mejor, caldo de verdura.

Cuando esté asado y para servir, pela los tomates, trocea el pollo y baña con el caldo que hay en la placa.

POLLO EN ESCABECHE

Ingredientes

6 pechugas de pollo (filetes) • 1 vasito de vino blanco • 1 vasito de vinagre de jerez • 1 vasito de vinagre de vino • 1/4 litro de caldo • 1 cebolla • 1 pimiento verde • 1 zanahoria • 1 hoja de laurel • 1 escarola • aceite • sal • pimienta

ELABORACION

Pica la cebolla, el pimiento y las zanahorias y rehoga todo en una cazuela con un chorro de aceite. Añade también la hoja de laurel y la sal. Deja rehogando cerca de 10 minutos.

Aparte, salpimenta las pechugas de pollo y dóralas en una sartén con un poco de aceite.

En la cazuela donde hemos rehogado las verduras incorpora los vinagres, el vino, el caldo, las pechugas de pollo ya doradas y unos granos de pimienta negra. Que cueza durante 15 minutos, retira del fuego y deja macerar durante 24 horas.

Para servir, trocea las pechugas y colócalas en el plato. A su lado pon unas hojas de escarola limpias. Aliña todo con las verduras rehogadas y el escabeche de la cazuela. Este plato se sirve frío.

- Diabetes
- Estreñimiento
- Hipertensión arterial
- Insuficiencia renal
- Obesidad
- Osteoporosis
- Colesterol

Plato recomendado para el consumo de personas diabéticas. Por su alto contenido en colesterol deben consumirlo esporádicamente las personas con problemas de colesterol.

POR PERSONA

Calorías totales: 358 kcal
Proteínas: 46,7 g (52%)
Hidratos de carbono: 4,7 g (5%)
Grasas totales: 15,5 g (39%)
Saturada: 10%
Monoinsaturada: 20%
Poliinsaturada: 5%
Colesterol: 191 mg
Fibra alimentaria: 1,3 g
Calcio: 55 mg
Hierro: 2,5 mg
Potasio: 968 mg
Sodio: 201 mg

Pollo en pepitoria

Ingredientes

1 pollo de 1,5 kg (aprox.) • 2 cebollas • 1 pimiento verde • 1/2 litro de caldo • 2 dientes de ajo • unas hebras de azafrán • 8 almendras • 4 rebanadas de pan frito • 1 hoja de laurel • perejil picado • aceite • sal • pimienta negra

- Diabetes
- Estreñimiento
- Hipertensión arterial
- Insuficiencia renal
- Obesidad
- Osteoporosis
- Colesterol

Plato especialmente recomendado para el consumo por parte de personas obesas, con problemas de colesterol o diabéticos.
Deben consumirlo esporádicamente personas con insuficiencia renal o con hipertensión.

POR PERSONA

Calorías totales: 308 kcal
Proteínas: 25,7 g (33%)
Hidratos de carbono: 17,2 g (22%)
Grasas totales: 15,1 g (44%)
Saturada: 7,6%
Monoinsaturada: 27%
Poliinsaturada: 6,4%
Colesterol: 91 mg
Fibra alimentaria: 2,7 g
Calcio: 66 mg
Hierro: 1,9 mg
Potasio: 540 mg
Sodio: 186 mg

Elaboracion

Trocea el pollo ya limpio y salpiméntalo. Saltea los trozos en una cazuela con aceite hasta que se doren.
Pica la cebolla y el pimiento verde y añádeselo al pollo. Rehoga unos minutos.
Tritura el caldo con el resto de los ingredientes y viértelo sobre el pollo.
Deja guisar durante 30 minutos. Si ves que se queda seco, añade más caldo.
Pasa la salsa por un pasapuré (retira la hoja de laurel).
Sirve el pollo y salsea.

POLLO ESCALFADO A LA SIDRA

Ingredientes

1/2 kg de pollo troceado • 3 dl de sidra • 1 cebolleta • pimienta en grano • 2 ramitas de estragón • 2 manzanas en rodajas • 2 cuch. de fécula • 2 dl de nata líquida • zumo de limón • sal • agua

- Diabetes
- Estreñimiento
- Hipertensión arterial
- Insuficiencia renal
- Obesidad
- Osteoporosis
- Colesterol

Plato especialmente recomendado para el consumo por personas obesas, con hipertensión, con insuficiencia renal, con problemas de colesterol o diabéticas.

POR PERSONA

Calorías totales: 175 kcal
Proteínas: 16,9 g (39%)
Hidratos de carbono: 14,3 g (33%)
Grasas totales: 5,2 g (26%)
Saturada: 10,8%
Monoinsaturada: 9,8%
Poliinsaturada: 3,1%
Colesterol: 72 mg
Fibra alimentaria: 2,3 g
Calcio: 31 mg
Hierro: 1,2 mg
Potasio: 397 mg
Sodio: 67 mg

ELABORACION

Pon el pollo limpio y sazonado en una cazuela. Añade la sidra, la cebolleta, los granos de pimienta (al gusto) y el estragón. Cuando rompa a hervir, tapa la cazuela y deja que hierva a fuego lento durante 30 minutos. Añade las rodajas de manzana reservando ocho de ellas para adornar al final.

Hierve el pollo a fuego lento otros 10 minutos más o hasta que se haya cocido por completo. Pon a punto de sal, retira la cazuela del fuego y traslada los trozos de pollo y las manzanas a una fuente de servir caliente.

Mezcla la fécula con la nata y vierte la mezcla en los jugos de la cazuela. Llévala a punto de ebullición y deja que hierva unos minutos removiendo. Cuela la salsa sobre los trozos de pollo manteniendo la fuente caliente.

Escalda las rodajas de manzana reservadas en una cazuela con agua hirviendo a la que habrás añadido unas gotas de zumo de limón. Escúrrelas y adorna la fuente.

Pollo estofado de Las Palmas

Ingredientes

1 pollo • 2 cebollas o cebolletas • 1 cabeza de ajo • 1 hoja de laurel • 1 cuch. de pimentón dulce • 1 vaso de vino tinto • 1 cuch. de manteca • sal • pimienta • patatas fritas en dados

- Diabetes
- Estreñimiento
- Hipertensión arterial
- Insuficiencia renal
- Obesidad
- Osteoporosis
- Colesterol

Plato especialmente recomendado para el consumo por personas obesas, con hipertensión, con insuficiencia renal o diabéticas.

POR PERSONA

Calorías totales: 165 kcal
Proteínas: 17,2 g (42%)
Hidratos de carbono: 6,9 g (17%)
Grasas totales: 6,9 g (38%)
Saturada: 12,5%
Monoinsaturada: 15,8%
Poliinsaturada: 5,4%
Colesterol: 72 mg
Fibra alimentaria: 0,6 g
Calcio: 16 mg
Hierro: 1,1 mg
Potasio: 299 mg
Sodio: 71 mg

Elaboracion

Sofríe en la manteca el pollo troceado y salpimentado. Después, añade las cebollas picadas, los ajos, el laurel, el pimentón y el vino y déjalo cocer todo, tapado, unos 30 minutos aproximadamente. Por último, agrega las patatas fritas y deja que dé un hervor de 5 minutos aproximadamente.
Sirve.

Pollo guisado con pimientos

Ingredientes

1 pollo de 1,400 kg (limpio) • 2 ó 3 pimientos morrones • 1 cebolla o cebolleta • 1 pimiento verde • 3 dientes de ajo • 2 hojas de laurel • aceite • agua • sal • pimienta • 1 tomate

Elaboracion

Asa los pimientos morrones untados con aceite y sazonados durante 20 minutos a 180 grados (puedes echar un poco de agua si ves que se quedan secos). Pélalos en templado, despepítalos y reserva.

Pica el pimiento verde, dos dientes de ajo, la cebolla y el tomate y ponlos a pochar en una cazuela con un poco de aceite, dos hojas de laurel y una pizca de sal. A continuación, añade el pollo troceado y salpimentado. Rehógalo y cubre con agua.

Retira el pollo y tritura las verduras. Introduce el pollo de nuevo en la salsa y añade uno de los pimientos asados cortado en cuadraditos.

Coloca el resto de los pimientos asados, abiertos por la mitad, en un plato con unas láminas de ajo sobre ellos. Sazona y vierte un chorro de aceite crudo por encima.

Sirve el guiso de pollo y acompáñalo con la ensalada de pimientos rojos.

- Diabetes
- Estreñimiento
- Hipertensión arterial
- Insuficiencia renal
- Obesidad
- Osteoporosis
- Colesterol

Plato especialmente recomendado para el consumo por parte de personas obesas, con problemas de colesterol, hipertensas o diabéticas. Consumo esporádico en personas con insuficiencia renal.

POR PERSONA

Calorías totales: 196 kcal
Proteínas: 22,5 g (46%)
Hidratos de carbono: 4,7 g (10%)
Grasas totales: 9,7 g (44%)
  Saturada: 10,1%
  Monoinsaturada: 25,7%
  Poliinsaturada: 5%
Colesterol: 91 mg
Fibra alimentaria: 0,8 g
Calcio: 20 mg
Hierro: 1,4 mg
Potasio: 506 mg
Sodio: 86 mg

REDONDO DE TERNERA

Ingredientes

700 g de redondo de ternera • 3 cebollas • 3 tomates • 2 puerros • 2 zanahorias • 2 pimientos verdes • 1/2 bote de guisantes • 1 vaso de vino tinto • 1/2 litro de caldo • sal • harina de maíz (maicena) • 4 tomates enanos • 1 ramita de hierbabuena

- Diabetes
- Estreñimiento
- Hipertensión arterial
- Insuficiencia renal
- Obesidad
- Osteoporosis
- Colesterol

Plato especialmente recomendado para el consumo por parte de personas obesas, con hipertensión, que sufran de estreñimiento, con anemia por falta de hierro o diabéticas.
Deben consumirlo esporádicamente personas con problemas de colesterol o con insuficiencia renal.

POR PERSONA

Calorías totales: 284 kcal
Proteínas: 37,7 g (53%)
Hidratos de carbono: 23,7 g (33%)
Grasas totales: 3,7 g (12%)
Saturada: 4,4%
Monoinsaturada: 2,8%
Poliinsaturada: 1,3%
Colesterol: 123 mg
Fibra alimentaria: 4,7 g
Calcio: 78 mg
Hierro: 7 mg
Potasio: 800 mg
Sodio: 197 mg

ELABORACION

Ata el redondo y sazónalo. Colócalo en una fuente del horno y cúbrelo con las verduras ya limpias y troceadas en tacos. Báñalo todo con el caldo y el vino y hornéalo durante una hora a una temperatura de 150 o 160 grados. Pasado este tiempo, pondrás las verduras y el jugo en una cazuela y reducirás durante 5 minutos a fuego fuerte. Liga la salsa con la harina y pásala por la batidora. Presenta el plato con el redondo cortado en lonchas y salseado.
Acompaña con los guisantes salteados en una sartén con un chorrito de aceite, unos tomatitos enanos cortados en gajos y una ramita de hierbabuena.

Ingredientes

1 pollo de 1,400 kg (limpio) • 2 ó 3 pimientos morrones • 1 cebolla ó cebolleta • 1 pimiento verde • 3 dientes de ajo • 2 hojas de laurel • aceite • agua • sal • pimienta • 1 tomate

- Diabetes
- Estreñimiento
- Hipertensión arterial
- Insuficiencia renal
- Obesidad
- Osteoporosis
- Colesterol

Plato especialmente recomendado para el consumo por parte de personas obesas, con hipertensión o diabéticas. Deben consumirlo esporádicamente personas con insuficiencia renal o con problemas de colesterol.

POR PERSONA

Calorías totales: 265 kcal
Proteínas: 27,9 g (42%)
Hidratos de carbono: 9,6 g (15%)
Grasas totales: 12,7 g (43%)
Saturada: 10,5%
Monoinsaturada: 23,1%
Poliinsaturada: 4,8%
Colesterol: 222 mg
Fibra alimentaria: 2,5 g
Calcio: 41 mg
Hierro: 2,5 mg
Potasio: 765 mg
Sodio: 130 mg

Elaboracion

Quita la piel, el huesillo y los gordos a las pechugas, ábrelas por la mitad y aplástalas. Coloca sobre ellas sal, pimienta y los huevos cocidos con algunos champiñones, ambos bien picados. Enróllalo todo y ata las pechugas.

Pela y corta en aros las cebollas, limpia y corta en láminas el resto de los champiñones y colócalos salpimentados en una fuente de horno. Pon encima los rollitos de pechuga. Rocíalo todo con el caldo y espolvorea con orégano. Mételo al horno a 200 grados durante 20 minutos.

Pasado ese tiempo, saltea en una sartén con aceite un poco de huevo cocido picado con cebolla y champiñones que tenías en el horno.

Saca los rollitos de pollo a una fuente de servir y córtalos en rodajas, colocándolos encima de la salsa. Sirve el plato acompañado de patatas fritas tipo paja como guarnición.

PESCADOS Y MARISCOS

Almejas al horno

Ingredientes

40 almejas (10 por persona) • aceite de oliva virgen • 2 dientes de ajo • 8 cebollinos • 1 cebolleta tierna • 1 puñado de pan rallado • sal • perejil • agua

- Diabetes
- Estreñimiento
- Hipertensión arterial
- Insuficiencia renal
- Obesidad
- Osteoporosis
- Colesterol

Plato muy saludable y recomendado para cualquier tipo de persona, tanto sana como enferma. Especialmente indicado para obesos, hipertensos, personas con insuficiencia renal, con problemas de colesterol y triglicéridos o personas con problemas coronarios. Debe ser consumido esporádicamente por pacientes con ácido úrico elevado.

POR PERSONA

Calorías totales: 171 kcal
Proteínas: 18 g (42%)
Hidratos de carbono: 10,9 g (26%)
Grasas totales: 6,5 g (35%)
Saturada: 3,7%
Monoinsaturada: 18,9%
Poliinsaturada: 2,6%
Colesterol: 75 mg
Fibra alimentaria: 1,4 g
Calcio: 218 mg
Hierro: 2 mg
Potasio: 99 mg
Sodio: 77 mg

Elaboracion

Mezcla el ajo, la cebolleta, el perejil y el cebollino, todo picado muy fino, con el pan rallado y sal. Liga esta mezcla con aceite hasta conseguir una especie de provenzal.

En un cazo con un poco de agua abre las almejas al calor. Guarda el caldo que suelten y coloca las almejas en una fuente de horno. Echa encima de cada almeja un poco de provenzal y gratina durante 3 a 5 minutos.

Aprovecha para calentar el caldo y viértelo sobre las almejas gratinadas antes de servir.

Puedes decorar con un poco de cebollino.

Anchoas a la cazuela con cebolla

Ingredientes

4 docenas de anchoas • 1 cuch. de pimentón dulce • 3 ó 4 cebollas • 3 dientes de ajo • aceite • sal

Diabetes
Estreñimiento
Hipertensión arterial
Insuficiencia renal
Obesidad
Osteoporosis
Colesterol

Plato muy saludable y recomendado para cualquier tipo de personas, tanto sanos como enfermos, dos o tres veces por semana. Debido a su alto contenido en colesterol deben consumirlo esporádicamente las personas con colesterol elevado o con problemas coronarios.

POR PERSONA

Calorías totales: 442 kcal
Proteínas: 43,9 g (40%)
Hidratos de carbono: 5,2 g (5%)
Grasas totales: 27,3 g (56%)
Saturada: 12,2%
Monoinsaturada: 17,3%
Poliinsaturada: 18,1%
Colesterol: 205 mg
Fibra alimentaria: 0,3 g
Calcio: 47 mg
Hierro: 2,1 mg
Potasio: 45 mg
Sodio: 1,8 mg

Elaboracion

En una cazuela con aceite pon a pochar la cebolla picada junto con los ajos en láminas. Sazona, añade el pimentón y rehógalo sin que se queme.

Limpia las anchoas y colócalas en la cazuela. Deja que se hagan durante 4 minutos aproximadamente y sirve.

ATUN AROMATICO

Ingredientes

600 g de atún o bonito en rodajas • 1 cebolleta • 2 tomates maduros • una pizca de tomillo • una pizca de orégano • unas hojas de albahaca • 1 hoja de laurel • 1/2 vaso de caldo de pescado • 1 cuch. de harina • aceite • sal fina y gorda

- Diabetes
- Estreñimiento
- Hipertensión arterial
- Insuficiencia renal
- Obesidad
- Osteoporosis
- Colesterol

Plato muy saludable y recomendado para cualquier tipo de personas, tanto sanas como enfermas. Puede consumirse casi a diario. También pueden consumirlo las personas con insuficiencia renal.

POR PERSONA

Calorías totales: 412 kcal
Proteínas: 41,4 g (40%)
Hidratos de carbono: 6,1 g (6%)
Grasas totales: 24,6 g (54%)
    Saturada: 11,8%
    Monoinsaturada: 20,1%
    Poliinsaturada: 13,3%
Colesterol: 83 mg
Fibra alimentaria: 0,6 g
Calcio: 8 mg
Hierro: 2,5 mg
Potasio: 90 mg
Sodio: 1,8 mg

ELABORACION

Corta las rodajas de atún en cuartos y sazona con sal gorda.

Pica la cebolleta y el tomate y sofríelos en un poco de aceite de oliva. Sazona y añade el tomillo, el orégano y el laurel. Cuando esté todo bien pochado, agrega la harina y rehoga. Añade el caldo de pescado, la albahaca picada y deja reducir durante unos minutos.

Fríe el atún en aceite bien caliente e incorpóralo a la cazuela. Deja cocer un minuto y sirve.

BACALAO AJOARRIERO

Ingredientes

1 cebolla • 1 pimiento verde • 4 trozos de bacalao • 3 dientes de ajo • caldo de bacalao • 8 cuch. de salsa de tomate• aceite • guindilla • 2 cuch. de pimiento choricero

- Diabetes
- Estreñimiento
- Hipertensión arterial
- Insuficiencia renal
- Obesidad
- Osteoporosis
- Colesterol

Plato especialmente recomendado para el consumo por parte de personas obesas, con hipertensión, con problemas de colesterol o diabéticas. Deben consumirlo esporádicamente quienes padezcan insuficiencia renal.

POR PERSONA

Calorías totales: 226 kcal
Proteínas: 35,1 g (62%)
Hidratos de carbono: 4,8 g (8%)
Grasas totales: 7,5 g (30%)
Saturada: 5,6%
Monoinsaturada: 16,7%
Poliinsaturada: 4,4%
Colesterol: 100 mg
Fibra alimentaria: 0,7 g
Calcio: 140 mg
Hierro: 2,3 mg
Potasio: 667 mg
Sodio: 247 mg

ELABORACION

Corta la cebolla y el pimiento verde en juliana, y los ajos fileteados en láminas. Rehógalos en una sartén con un poco de aceite. Cuando estén suficientemente rehogados, añade la carne del pimiento choricero, la salsa de tomate y la guindilla. Sofríelo todo bien durante 7 minutos.

Aparte, limpia el bacalao quitándole la piel y las espinas y córtalo en trozos pequeños. Agrégalo a la sartén junto a los otros elementos y rehoga. Deja cocer a fuego lento durante 10 minutos, añadiendo un poco de caldo de bacalao si fuese necesario.

BACALAO CON VINAGRETA

Ingredientes

4 lomos de bacalao • 4 pimientos verdes asados y pelados • 2 ajos • aceite

Para la vinagreta: 1 cebolleta • 1 ajo • 1 tomate pelado en dados • aceite • vinagre • perejil picado • sal

- Diabetes
- Estreñimiento
- Hipertensión arterial
- Insuficiencia renal
- Obesidad
- Osteoporosis
- Colesterol

Plato muy saludable y recomendado su consumo casi a diario en todo tipo de personas, a excepción de personas con insuficiencia renal o hipertensión que deben consumirlo esporádicamente.

POR PERSONA

Calorías totales: 179 kcal
Proteínas: 26,5 g (59%)
Hidratos de carbono: 4,5 g (10%)
Grasas totales: 6,2 g (31%)
    Saturada: 4,5%
    Monoinsaturada: 18,6%
    Poliinsaturada: 4,5%
Colesterol: 75 mg
Fibra alimentaria: 0,7 g
Calcio: 105 mg
Hierro: 1,8 mg
Potasio: 531 mg
Sodio: 4.682 mg

ELABORACION

En una sartén fríe los lomos desalados y troceados con aceite y el ajo entero. Una vez fritos, coloca en los platos los pimientos en tiras, y encima de éstos el bacalao. Alíñalo con la vinagreta de cebolleta y ajo bien picados, el tomate en daditos, aceite, sal, perejil y vinagre.

Ingredientes

4 tajadas de bacalao salado • 300 g de salmón ahumado • 4 dientes de ajo • 1/4 litro de aceite virgen • salsa de tomate • perejil picado

- Diabetes
- Estreñimiento
- Hipertensión arterial
- Insuficiencia renal
- Obesidad
- Osteoporosis
- Colesterol

Plato especialmente recomendado para el consumo por parte de personas obesas, con insuficiencia renal o diabéticas.
Deben consumirlo esporádicamente personas con problemas de colesterol o con hipertensión.

POR PERSONA
Calorías totales: 298 kcal
Proteínas: 35 g (47%)
Hidratos de carbono: 1,8 g (2%)
Grasas totales: 16,8 g (51%)
Saturada: 9,4%
Monoinsaturada: 29,3%
Poliinsaturada: 8,1%
Colesterol: 105 mg
Fibra alimentaria: 0,1 g
Calcio: 51 mg
Hierro: 1 mg
Potasio: 91 mg
Sodio: 2.357 mg

ELABORACION

Desala el bacalao y méchalo con el salmón.
En una cazuela de barro con aceite pones a dorar los dientes de ajo enteros. Cuando estén bien doraditos los retiras y reservas.
Fríe a continuación el bacalao 3 minutos por cada lado; en primer lugar, con la piel hacia arriba. Retira la cazuela del fuego y, con cuidado de no quemarte, le quitas el aceite, dejando sólo el bacalao. Espera a que el aceite se temple. Añade en pequeñas cantidades, varias veces, el aceite a la cazuela fuera del fuego.
A la vez, mueve el recipiente constantemente para que la salsa ligue al pil-pil. Al menos necesitas un cuarto de hora. En caso de que el aceite quedase extremadamente frío, pondrías la cazuela unos segundos al fuego. Una vez ligada la salsa, le pones cuatro cucharaditas de salsa de tomate encima de cada tajada y un diente de ajo frito. Espolvorea con perejil picado y sirve.

BESUGO A LA DONOSTIARRA

Ingredientes

1 besugo (o chicharro) de 1,5 kg limpio • 3 patatas • 1 cebolla • 1 pimiento verde • 1 cabeza de ajos • un trozo de guindilla seca • perejil picado • un chorro de vinagre • aceite • sal • agua

- Diabetes
- Estreñimiento
- Hipertensión arterial
- Insuficiencia renal
- Obesidad
- Osteoporosis
- Colesterol

Plato especialmente recomendado para el consumo por personas hipertensas, con problemas de colesterol, diabéticas y con osteoporosis.
Deben tomarlo como máximo dos veces en semana las personas obesas. Consumo esporádico en personas con insuficiencia renal.

POR PERSONA

Calorías totales: 312 kcal
Proteínas: 29,7 g (38%)
Hidratos de carbono: 13 g (17%)
Grasas totales: 15,6 g (45%)
Saturada: 2%
Monoinsaturada: 10,4%
Poliinsaturada: 1,4%
Colesterol: 0 mg
Fibra alimentaria: 1,3 g
Calcio: 406 mg
Hierro: 5,7 mg
Potasio: 501 mg
Sodio: 5 mg

ELABORACION

Pela las patatas y córtalas en lonchas de medio centímetro de grosor. Colócalas en la placa de horno, junto con los ajos enteros y con piel (reserva dos), y la cebolla y el pimiento troceados. Sazona y añade un chorro de aceite y medio vaso de agua. Hornea a 180 grados durante 20 minutos. Pasado este tiempo, saca la placa con las patatas del horno y coloca encima el besugo (o el chicharro) limpio y sazonado.

Moja con un poco de agua y hornea nuevamente a 180 grados durante unos 18 minutos.

Cuando el besugo esté perfectamente asado, ábrelo por la mitad retirando las espinas.

Aparte, filetea dos dientes de ajo y trocea la guindilla. Prepara con ellos un refrito de aceite y viértelo sobre el besugo, al que habrás añadido previamente un chorro de vinagre. Sirve con las patatas.

BESUGO AL HORNO

Ingredientes

1 besugo de 1,5 kg • 1 limón • 2 patatas medianas • 1 diente de ajo • sal • aceite • agua • perejil picado

- Diabetes
- Estreñimiento
- Hipertensión arterial
- Insuficiencia renal
- Obesidad
- Osteoporosis
- Colesterol

Plato especialmente recomendado para el consumo por parte de personas obesas, con problemas de colesterol, con hipertensión, personas con insuficiencia renal, diabéticas o con osteoporosis.

POR PERSONA

Calorías totales: 249 kcal
Proteínas: 24,8 g (40%)
Hidratos de carbono: 5,9 g (9%)
Grasas totales: 14 g (51%)
    Saturada: 2,5%
    Monoinsaturada: 13%
    Poliinsaturada: 1,8%
Colesterol: 0 mg
Fibra alimentaria: 0,5 g
Calcio: 340 mg
Hierro: 4,7 mg
Potasio: 383 mg
Sodio: 20 mg

ELABORACION

Pela las patatas y córtalas en lonchas de medio centímetro de grosor. Colócalas en la placa de horno y añádeles un chorro de aceite y un vaso de agua. Mételas en horno caliente a 180 grados durante 20 minutos. Transcurrido el tiempo indicado, saca la placa con las patatas del horno y pon encima el besugo con sal. Si la placa se ha secado, agrega más agua; si no, con ayuda de una cuchara, riega el besugo con el caldo de la placa. Realizada esta operación, mételo en horno caliente a 180 grados durante 25 minutos aproximadamente. Cuando el besugo esté perfectamente asado, ábrelo por la mitad y colócalo en una fuente con las patatas. Aparte, filetea el diente de ajo y ponlo en una sartén con un poco de aceite. Cuando comience a dorarse, retira la sartén del fuego. Deja que se temple, vierte el jugo que ha sobrado en la placa del horno y liga todo removiendo. Salsea el besugo, espolvorea con perejil y adórnalo con limón.

BONITO CON PIMIENTO VERDE

Ingredientes

3 dientes de ajo • 4 pimientos verdes • 1/2 kg de bonito limpio • 4 cuch. de salsa de tomate • 1 cebolleta • aceite de oliva • sal • pimienta

- Diabetes
- Estreñimiento
- Hipertensión arterial
- Insuficiencia renal
- Obesidad
- Osteoporosis
- Colesterol

Plato muy saludable y recomendado su consumo casi a diario en todo tipo de personas, a excepción de personas con obesidad y problemas de colesterol que deben consumirlo esporádicamente.

POR PERSONA

Calorías totales: 353 kcal
Proteínas: 34,8 g (39%)
Hidratos de carbono: 4,5 g (5%)
Grasas totales: 21,8 g (56%)
Saturada: 12,2%
Monoinsaturada: 21,7%
Poliinsaturada: 13,3%
Colesterol: 69 mg
Fibra alimentaria: 0,6 g
Calcio: 10 mg
Hierro: 2,1 mg
Potasio: 96 mg
Sodio: 35 mg

ELABORACION

Corta en láminas los dientes de ajo y pon a dorar en una sartén con aceite de oliva. Añade la cebolla picada y acto seguido el pimiento cortado en juliana. Deja hacer a fuego suave hasta que se poche (10 minutos).

En otra sartén fríe por espacio de 3 ó 4 minutos el lomo del bonito cortado a la contra en filetes.

Coloca el pimiento en el plato y encima el bonito. Cubre con un poco de salsa de tomate.

BROCHETAS DE GALLO

Ingredientes

8 filetes de gallo • 8 champiñones pequeño • 8 tomates cereza • 2 pimientos verdes • aceite • 1 cuch. de orégano • 1 limón • 4 palos de brochetas • agua • sal

- Diabetes
- Estreñimiento
- Hipertensión arterial
- Insuficiencia renal
- Obesidad
- Osteoporosis
- Colesterol

Plato especialmente recomendado para el consumo por personas obesas, con hipertensión, diabéticas o con osteoporosis. Deben consumirlo esporádicamente quienes tengan problemas de colesterol o con insuficiencia renal.

POR PERSONA

Calorías totales: 206 kcal
Proteínas: 33,1 g (64%)
Hidratos de carbono: 2,4 g (4%)
Grasas totales: 7,2 g (31%)
Saturada: 4,4%
Monoinsaturada: 18,3%
Poliinsaturada: 4,4%
Colesterol: 100 mg
Fibra alimentaria: 1,3 g
Calcio: 246 mg
Hierro: 2,2 mg
Potasio: 720 mg
Sodio: 303 mg

ELABORACION

Corta los filetes de gallo por la mitad y sálalos. Limpia los champiñones y cuécelos en agua con sal unos minutos, sólo blanquearlos. Si son muy pequeños no hace falta. Corta los pimientos verdes en 8 trozos. Pincha los distintos ingredientes en las brochetas alternándolos: el tomate, el pescado, el pimiento y los champiñones. Sazona y fríe las brochetas en una plancha o sartén con un poquito de aceite durante 3 ó 4 minutos por cada lado. Sírvelas acompañadas de limón y espolvoreadas con orégano.

CABALLA EN ADOBO

Ingredientes

4 caballas de ración (300 g) • harina y huevo batido para rebozar • sal • aceite • 1/2 limón

Para el adobo: 3 ó 4 dientes de ajo • 1 cuch. de pimentón (dulce o picante) • 1/2 cuch. de orégano • 1/2 vaso de vinagre • 1/2 vaso de aceite

- Diabetes
- Estreñimiento
- Hipertensión arterial
- Insuficiencia renal
- Obesidad
- Osteoporosis
- Colesterol

Plato especialmente recomendado para el consumo por personas hipertensas, con insuficiencia renal u obesas.
Deben consumirlo esporádicamente personas con problemas de colesterol o con ácido úrico elevado.

POR PERSONA

Calorías totales: 225 kcal
Proteínas: 14,4 g (26%)
Hidratos de carbono: 9,3 g (16%)
Grasas totales: 14,4 g (58%)
Saturada: 12,4%
Monoinsaturada: 28,8%
Poliinsaturada: 10%
Colesterol: 118 mg
Fibra alimentaria: 0,4 g
Calcio: 23 mg
Hierro: 1,3 mg
Potasio: 35 mg
Sodio: 20 mg

ELABORACION

Filetea las caballas y quítales la piel. Sazona por los dos lados.
Haz el adobo machacando en un mortero los ajos picados junto con el pimentón y el orégano. Después, añade el vinagre y el aceite. Baña los filetes de caballa cubriendo con el adobo en un recipiente y déjalo durante 2 ó 3 horas. Pasado este tiempo, reboza los filetes con harina y huevo y fríelos en aceite.
Por último, sirve y decora con medio limón.

CALAMARES A LA VINAGRETA NEGRA

Ingredientes

2 calamares grandes • 2 cebolletas • 3 cuch. de aceite de oliva virgen • 1 cuch. de vinagre • 1 diente de ajo • aceite de 0,4 grados • agua

- Diabetes
- Estreñimiento
- Hipertensión arterial
- Insuficiencia renal
- Obesidad
- Osteoporosis
- Colesterol

Plato muy saludable y recomendado para consumirlo a diario por cualquier persona. Debe ser consumido esporádicamente por aquellas personas con ácido úrico elevado.

POR PERSONA

Calorías totales: 227 kcal
Proteínas: 26 g (46%)
Hidratos de carbono: 3,7 g (7%)
Grasas totales: 12 g (48%)
Saturada: 5,5%
Monoinsaturada: 28,5%
Poliinsaturada: 3,6%
Colesterol: 0 mg
Fibra alimentaria: 0,2 g
Calcio: 16,5 mg
Hierro: 2,6 mg
Potasio: 27 mg
Sodio: 1 mg

ELABORACION

Limpia los calamares, reservando las tintas; puedes hacer los tentáculos a la plancha o congelarlos para hacer algún otro día.

Por otra parte, corta la cebolleta en juliana y ponla a rehogar en aceite. Cuando veas que está en su punto, incorpora la tinta con un poco de agua y deja reducir al fuego 5 minutos. Después, escurre bien y pon en el plato.

En una sartén pon aceite y, cuando esté bien caliente, echa con cuidado los calamares cortados en tiras. Cuando ya estén fritos, retira y pasa al plato. Rocía con vinagre.

Con el aceite sobrante de freír los calamares haz un refrito con el ajo fileteado. Antes de presentar a la mesa, echa el sofrito por encima y el ajo frito adornando.

Calamares con patatas

Ingredientes

12 calamares • 3 patatas • 1 cebolla o 2 cebolletas • 1 hoja de laurel • unas hebras de azafrán • 1 vaso de vino blanco • sal • aceite • agua

- Diabetes
- Estreñimiento
- Hipertensión arterial
- Insuficiencia renal
- Obesidad
- Osteoporosis
- Colesterol

Plato muy saludable y recomendado para consumirlo a diario por cualquier persona. Debe ser consumido esporádicamente por aquellas personas con ácido úrico elevado.

POR PERSONA

Calorías totales: 247 kcal
Proteínas: 27,2 g (44%)
Hidratos de carbono: 16,7 g (27%)
Grasas totales: 7,1 g (26%)
Saturada: 2,5%
Monoinsaturada: 13,1%
Poliinsaturada: 1,8%
Colesterol: 0 mg
Fibra alimentaria: 1,6 g
Calcio: 25 mg
Hierro: 3,2 mg
Potasio: 29 mg
Sodio: 9 mg

Elaboracion

Limpia bien los calamares y rellena cada uno con sus patas.
Pocha la cebolleta o cebolla picada en una cazuela con aceite. Sazona. Añade después los calamares, rehogándolos lentamente para que se vayan haciendo poco a poco junto con el laurel y el azafrán. Agrega el vino blanco y agua casi hasta cubrir. Guísalo 25 minutos aproximadamente (los calamares estarán casi hechos) y agrega las patatas troceadas. Déjalo hacer otros 20 minutos a fuego suave y sirve.

CALAMARES EN SU TINTA

Ingredientes

1 kg de calamares limpios • tinta de los calamares • 4 ó 5 cebollas • 2 dientes de ajo • perejil picado • aceite de oliva • sal fina y gorda • agua

Para la guarnición: arroz blanco cocido • triángulos de pan tostado o frito

- Diabetes
- Estreñimiento
- Hipertensión arterial
- Insuficiencia renal
- Obesidad
- Osteoporosis
- Colesterol

Plato muy saludable y recomendado para cualquier persona. Por su alto contenido en calorías no deben consumirlo las personas con obesidad. También debe ser consumido con moderación por personas con ácido úrico elevado.

ELABORACION

Corta toda la cebolla en juliana, sazona y ponla a sofreír, junto con los ajos picados, en una cazuela con aceite. Sazona y, cuando esté todo bien pochado, añade la tinta disuelta con un poquito de agua y sal gorda. Mézclalo todo bien y pásalo por la batidora.

Coloca la salsa en una cazuela y añade los calamares troceados. Guísalos durante 35 minutos aproximadamente, hasta que estén tiernos, y sírvelos acompañados de arroz blanco y unos costrones de pan frito o tostado. Por último, espolvorea con perejil picado.

POR PERSONA

Calorías totales: 628 kcal
Proteínas: 51 g (32%)
Hidratos de carbono: 81,9 g (52%)
Grasas totales: 10,3 g (15%)
    Saturada: 1,1%
    Monoinsaturada: 5,1%
    Poliinsaturada: 1%
Colesterol: 0 mg
Fibra alimentaria: 0,6 g
Calcio: 39 mg
Hierro: 5 mg
Potasio: 153 mg
Sodio: 5 mg

CARPACCIO DE ATUN FRESCO

Ingredientes

1 lomo de atún • aceite de oliva virgen • zumo de 1 limón o vinagre de sidra • pimienta • un poco de hinojo o eneldo • 1 cebolleta • sal

- Diabetes
- Estreñimiento
- Hipertensión arterial
- Insuficiencia renal
- Obesidad
- Osteoporosis
- Colesterol

Plato muy saludable y recomendado para su consumo diario por cualquier tipo de persona.

POR PERSONA

Calorías totales: 439 kcal
Proteínas: 40,8 g (37%)
Hidratos de carbono: 2,5 g (2%)
Grasas totales: 29,5 g (61%)
Saturada: 12,5%
Monoinsaturada: 26,4%
Poliinsaturada: 13,3%
Colesterol: 82 mg
Fibra alimentaria: 0,3 g
Calcio: 8 mg
Hierro: 2,4 mg
Potasio: 45 mg
Sodio: 1,8 mg

ELABORACION

Corta el lomo del atún en lonchas muy finas, colócalas extendidas en una fuente, salpiméntalas y rocíalas con el aceite y el zumo del limón. Espolvorea con hinojo y añade un poco de cebolleta cortada en juliana. Deja el atún macerando durante 15 minutos y listo.

CAZUELA DEL PESCADOR

Ingredientes

1/2 kg de patatas • 50 g de arroz • 50 g de gambas peladas • 4 ijadas (egachas) de merluza • 1 cebolleta • 2 dientes de ajo • perejil picado • 1/2 vaso de agua de vino blanco • sal • caldo de pescado o agua • aceite

- Diabetes
- Estreñimiento
- Hipertensión arterial
- Insuficiencia renal
- Obesidad
- Osteoporosis
- Colesterol

Plato muy saludable y recomendado para cualquier tipo de persona, tanto sana como enferma. Puede ser consumido a diario.

ELABORACION

Pica menudita la cebolleta y el ajo. Rehógalos con aceite en una cazuela. Cuando estén doraditos, añade la patata cortada en lonchas de 1/2 cm de grosor. Deja rehogar un par de minutos e incorpora el vino. Cubre con el caldo. Cuando rompa a hervir, añade el arroz, la sal y el perejil. Deja cocer todo durante 20 minutos a fuego lento. Entonces echa las gambas y la merluza. Si hace falta más caldo, agrégalo en ese momento y deja cocer 3 minutos más. Prueba de sal, espolvorea con perejil picado y sirve.
También puedes adornar con unos huevos cocidos partidos en cuatro trozos.

POR PERSONA

Calorías totales: 269 kcal
Proteínas: 10,7 g (16%)
Hidratos de carbono: 38,7 g (58%)
Grasas totales: 6 g (20%)
Saturada: 2,7%
Monoinsaturada: 12,7%
Poliinsaturada: 2%
Colesterol: 33 mg
Fibra alimentaria: 2,7 g
Calcio: 53 mg
Hierro: 1,6 mg
Potasio: 144 mg
Sodio: 94 mg

CHIPIRONES CON HABAS

Ingredientes

3/4 kg de chipirones • 1/2 kg de habas tiernas • 3 dientes de ajo • aceite • 1 cebolla o cebolleta • 1 tomate pelado • agua • sal • 1 limón

- Diabetes
- Estreñimiento
- Hipertensión arterial
- Insuficiencia renal
- Obesidad
- Osteoporosis
- Colesterol

Plato especialmente recomendado para el consumo por personas obesas, con problemas de colesterol, con hipertensión o que sufran de estreñimiento.
Deben consumirlo esporádicamente quienes tengan ácido úrico elevado o insuficiencia renal.

POR PERSONA

Calorías totales: 286 kcal
Proteínas: 37,2 g (52%)
Hidratos de carbono: 16,8 g (23%)
Grasas totales: 7,7 g (24%)
  Saturada: 2,5%
  Monoinsaturada: 11,3%
  Poliinsaturada: 2,2%
Colesterol: 0 mg
Fibra alimentaria: 5,5 g
Calcio: 53 mg
Hierro: 6 mg
Potasio: 371 mg
Sodio: 27 mg

ELABORACION

Echa un chorro de aceite en una cazuela y rehoga la verdura muy picada. Agrega los chipirones troceados y sazonados. Dora e incorpora las habas y agua caliente. Cuece todo hasta que esté tierno y el guiso quede casi sin agua. Adorna con el limón y sirve.

Congrio a la sidra con habitas

Ingredientes

1 kg de congrio (en rodajas) • 2 cebollas • 1 tomate • 200 g de habas frescas cocidas • 4 dientes de ajo • 1/2 guindilla seca • 2 cuch. de harina • 1 vaso hermoso de sidra • perejil picado • aceite • sal • pimienta

Elaboracion

Sofríe la cebolla picada en una cazuela con aceite. Añade también el tomate picado. Sazona, agrega la guindilla picante y deja pochar unos minutos. A continuación, incorpora las rodajas de congrio salpimentadas y dóralas con la verdura. Echa la harina y rehoga. Vierte la sidra (y medio vaso de agua si es necesario) y añade las habas. Espolvorea con perejil. Guísalo 6 minutos y sirve.

- Diabetes
- Estreñimiento
- Hipertensión arterial
- Insuficiencia renal
- Obesidad
- Osteoporosis
- Colesterol

Plato muy saludable y recomendado para el consumo por parte de cualquier persona, especialmente aquellas con insuficiencia renal, hipertensas, con problemas de colesterol o diabéticas.

POR PERSONA

Calorías totales: 294 kcal
Proteínas: 34,1 g (46%)
Hidratos de carbono: 13,6 g (19%)
Grasas totales: 9,8 g (30%)
Saturada: 2,1%
Monoinsaturada: 11 %
Poliinsaturada: 1,8%
Colesterol: 0 mg
Fibra alimentaria: 2,9 g
Calcio: 71 mg
Hierro: 2,6 mg
Potasio: 269 mg
Sodio: 14 mg

CONGRIO AL PIMENTON

Ingredientes

1 kg de congrio o anguila en rodajas • 2 rebanadas de pan • aceite de oliva • 1 cuch. de harina • 1 cuch. de pimentón dulce o picante • 1 cebolla o cebolleta • 1 vaso de caldo de pescado o agua • 3 dientes de ajo • sal • perejil picado

- Diabetes
- Estreñimiento
- Hipertensión arterial
- Insuficiencia renal
- Obesidad
- Osteoporosis
- Colesterol

Plato muy saludable y recomendado para su consumo por cualquier tipo de personas, excepto las obesas.

POR PERSONA

Calorías totales: 398 kcal
Proteínas: 52 g (52%)
Hidratos de carbono: 14,1 g (14%)
Grasas totales: 13 g (29%)
Saturada: 1,8%
Monoinsaturada: 8,1%
Poliinsaturada: 1,6%
Colesterol: 0 mg
Fibra alimentaria: 0,4 g
Calcio: 83 mg
Hierro: 1,9 mg
Potasio: 34 mg
Sodio: 1,2 mg

ELABORACION

Fríe el pan en una sartén con aceite y reserva. Rehoga en ese aceite la cebolla picada, sala y luego añade la harina rehogándola también. Agrega el pimentón dulce o picante y remuévelo bien; a continuación, añade el vaso de caldo o agua y las tajadas sazonadas de congrio. Tápalo y deja que el pescado cueza 5 minutos por cada lado. Puedes añadir más caldo si se queda seco.

Mientras tanto, haz un majado con los ajos fileteados, el pan frito y el perejil picado. Cuando falten un par de minutos para acabar la cocción, añade el majado. Por último, sirve las rodajas y salsea. Puedes decorar el plato con medio limón.

Congrio con champiñones

Ingredientes

600 g de congrio de la parte abierta • 1/4 kg de champiñones • aceite de oliva • harina • sal • 1 copa de jerez • 2 dientes de ajo • fumet o agua • guisantes • perejil picado

- Diabetes
- Estreñimiento
- Hipertensión arterial
- Insuficiencia renal
- Obesidad
- Osteoporosis
- Colesterol

Plato especialmente recomendado para el consumo por personas obesas, diabéticas, con hipertensión o con insuficiencia renal.

Elaboracion

Corta el congrio en rodajas, sala y pasa por harina. Sofríelo y reserva. En otra cazuela, con un chorrito de aceite, haces los champiñones cortados en láminas con los dientes de ajo fileteados. Después, incorpora las rodajas de congrio y el jerez. Cubre con agua o fumet. Deja cocer durante 15 minutos. Transcurrido este tiempo, añade unos guisantes y deja hervir otros 5 minutos.

POR PERSONA

Calorías totales: 283 kcal
Proteínas: 33,2 g (47%)
Hidratos de carbono: 11,1 g (16%)
Grasas totales: 9,8 g (31%)
Saturada: 2,2%
Monoinsaturada: 11,4%
Poliinsaturada: 1,6%
Colesterol: 50 mg
Fibra alimentaria: 2,8 g
Calcio: 56 mg
Hierro: 2 mg
Potasio: 364 mg
Sodio: 5 mg

Congrio con salsa de almendras

Ingredientes

1 kg de congrio (de la parte abierta) • 3 dientes de ajo • 4 rebanadas de pan • 2 cebolletas • 50 g de almendras tostadas • 1 copa de brandy • sal • aceite • 1 vaso de caldo de pescado o agua • perejil picado

- Diabetes
- Estreñimiento
- Hipertensión arterial
- Insuficiencia renal
- Obesidad
- Osteoporosis
- Colesterol

Plato saludable y recomendado para el consumo por parte de cualquier persona, a excepción de obesos o con ácido úrico elevado.

POR PERSONA

Calorías totales: 351 kcal
Proteínas: 33,9 g (38%)
Hidratos de carbono: 15,4 g (17%)
Grasas totales: 15,1 g (39%)
  Saturada: 2,8%
  Monoinsaturada: 18,5%
  Poliinsaturada: 3,8%
Colesterol: 0 mg
Fibra alimentaria: 3 g
Calcio: 102 mg
Hierro: 1,7 mg
Potasio: 120 mg
Sodio: 103 mg

Elaboracion

Pocha la cebolleta en una cazuela ancha con un poco de aceite y sazona.

En un puchero, aparte, sofríe los dientes de ajo en láminas, con el pan junto con las almendras. Cuando esté dorado, añade el caldo de pescado o agua. Déjalo reducir unos minutos y pásalo por la batidora.

Cuando esté pochada la cebolleta, añade el congrio en trozos previamente sazonados y rehógalos bien. Después, añade el brandy y flambéalo. Seguidamente, agrega el triturado de almendras con un poco de perejil picado y deja que se haga 4 ó 5 minutos a fuego lento, probando el punto de sal.

Por último, sirve.

CONGRIO CON TOMATE

Ingredientes

4 trozos de congrio • 6 tomates • 2 pimientos verdes • 2 cebollas • 2 dientes de ajo • 1 copa de vino blanco • aceite de oliva virgen • sal • harina

- Diabetes
- Estreñimiento
- Hipertensión arterial
- Insuficiencia renal
- Obesidad
- Osteoporosis
- Colesterol

Plato muy saludable y recomendado para cualquier tipo de persona.

POR PERSONA

Calorías totales: 267 kcal
Proteínas: 31,8 g (48%)
Hidratos de carbono: 9,6 g (14%)
Grasas totales: 9,8 g (33%)
Saturada: 2,4%
Monoinsaturada: 12,1%,
Poliinsaturada: 1,7%
Colesterol: 0 mg
Fibra alimentaria: 1,4 g
Calcio: 59 mg
Hierro: 1,6 mg
Potasio: 213 mg
Sodio: 11 mg

ELABORACION

Sala los trozos de congrio y déjalos escurrir mientras avanzas con la receta. Pica muy fina la cebolla, y el ajo y el pimiento en tiras estrechas, poniéndolos en una cazuela ancha a fuego lento con dos o tres cucharadas de aceite de oliva. Mientras se rehoga, sin que llegue a tomar color, corta los tomates por la mitad y pásalos por el rallador, obteniendo una pulpa fina y suelta, y separa la piel. Cuando la cebolla esté transparente, sube un poco el fuego hasta que empiece a tomar color, añadiendo el tomate. Baja nuevamente el fuego y deja que cueza a fuego lento cinco minutos. Fríe los trozos de congrio vuelta y vuelta pasados por harina en una sartén. Añade los filetes de pescado, sazona la salsa, rocía con la copa de vino blanco y deja que cueza durante 7 u 8 minutos más. Sirve inmediatamente.

Filetes de gallo al hinojo

Ingredientes

4 gallos de ración • 2 puerros • 2 zanahorias • 1 cebolla o cebolleta • hinojo fresco • sal • aceite • 1 vasito de vino blanco

Para acompañar: 200 g de judías verdes cocidas

- Diabetes
- Estreñimiento
- Hipertensión arterial
- Insuficiencia renal
- Obesidad
- Osteoporosis
- Colesterol

Plato especialmente recomendado para personas con obesidad, personas diabéticas, pacientes con problemas de colesterol o con ácido úrico elevado.
No deben consumirlo las personas con insuficiencia renal.

POR PERSONA
Calorías totales: 235 kcal
Proteínas: 33,8 g (57%)
Hidratos de carbono: 7,2 g (12%)
Grasas totales: 7,2 g (28%)
Saturada: 3,8%
Monoinsaturada: 16,1%
Poliinsaturada: 3,8%
Colesterol: 100 mg
Fibra alimentaria: 2,4 g
Calcio: 291 mg
Hierro: 2,6 mg
Potasio: 734 mg
Sodio: 322 mg

Elaboracion

Limpia los gallos y saca los filetes. Limpia la verdura y córtala en juliana y póchala.

En una sartén coloca la verdura pochada y pon encima los filetes de gallo. Sazona y rocía los filetes con un chorrito de aceite, espolvoréalos con el hinojo picado y riega con el vaso de vino blanco. Mételo todo en el horno a 200 grados durante 8 minutos. Pasado este tiempo, coloca los filetes sobre una cama de verduras y acompáñalos con unas judías verdes salteadas en aceite bien caliente.

FILETES DE GALLO CON CREMA DE NISPEROS

Ingredientes

12 filetes de gallo • 200 g de nísperos • 1/2 cebolla • sal • unos granos de pimienta • unas hebras de azafrán • agua • aceite • 1 limón

- Diabetes
- Estreñimiento
- Hipertensión arterial
- Insuficiencia renal
- Obesidad
- Osteoporosis
- Colesterol

Plato especialmente recomendado para su consumo a personas obesas, hipertensas, diabéticas o con problemas de colesterol. Deben consumirlo esporádicamente quienes padezcan insuficiencia renal.

POR PERSONA

Calorías totales: 208 kcal
Proteínas: 24,3 g (47%)
Hidratos de carbono: 12,5 g (24%)
Grasas totales: 6,7 g (29%)
Saturada: 4%
Monoinsaturada: 17,3%
Poliinsaturada: 3,5%
Colesterol: 75 mg
Fibra alimentaria: 0,1 g
Calcio: 198 mg
Hierro: 1,6 mg
Potasio: 516 mg
Sodio: 229 mg

ELABORACION

Cuece los gallos en una vaporera con agua, sal y unos granos de pimienta durante unos 10 minutos aproximadamente.

En una cazuela con aceite pon a pochar cebolla picada; después, añade los nísperos pelados, sin pepitas y troceados. Agrega agua hasta cubrir y deja cocer de 10 a 15 minutos.

Pásalo por la batidora y añade a la crema unas hebras de azafrán.

Sirve los filetes de gallo en una fuente cubierta con la crema de nísperos y decora con el limón.

FILETES DE GALLO EN ENSALADA

Ingredientes

2 gallos • 1/2 kg de vainas • 2 cebolletas • 2 ajos • 1 taza de zumo de limón • 1 pimiento rojo • 2 zanahorias • aceite de oliva • vinagre

- Diabetes
- Estreñimiento
- Hipertensión arterial
- Insuficiencia renal
- Obesidad
- Osteoporosis
- Colesterol

Plato especialmente recomendado para el consumo por parte de personas obesas, con problemas de colesterol, con hipertensión, osteoporosis o diabéticas.
Consumo esporádico en personas con insuficiencia renal.

POR PERSONA

Calorías totales: 237 kcal
Proteínas: 31,7 g (54%)
Hidratos de carbono: 10 g (17%)
Grasas totales: 7,9 g (30%)
Saturada: 3,4%
Monoinsaturada: 15,2%
Poliinsaturada: 3%
Colesterol: 75 mg
Fibra alimentaria: 4,2 g
Calcio: 238 mg
Hierro: 2,7 mg
Potasio: 747 mg
Sodio: 270 mg

ELABORACION

Saca los filetes de gallo, trocéalos y ponlos en adobo con el zumo de limón durante 24 horas en el frigorífico.

Para presentar el plato pones sobre las judías verdes, cocidas en agua y sal, los filetes de gallo adobados, luego la cebolleta en juliana, la zanahoria cruda, también en juliana, y finalmente unas tiras de pimiento rojo y un poco de ajo picado, todo ello aliñado con aceite de oliva y vinagre.

Filetes de gallo rellenos de esparragos

Ingredientes

16 filetes de gallo • 32 espárragos verdes • 2 patatas • aceite• sal • 4 nueces de mantequilla • caldo de pescado • agua• 2 zanahorias cocidas

- Diabetes
- Estreñimiento
- Hipertensión arterial
- Insuficiencia renal
- Obesidad
- Osteoporosis
- Colesterol

Plato especialmente recomendado para personas con hipertensión, obesas o con osteoporosis.
Deben consumirlo con moderación personas con problemas de colesterol o con insuficiencia renal.

POR PERSONA

Calorías totales: 239 kcal
Proteínas: 26,3 g (44%)
Hidratos de carbono: 8,9 g (15%)
Grasas totales: 10,9 g (41%)
Saturada: 12,8%
Monoinsaturada: 19,6%
Poliinsaturada: 3,4%
Colesterol: 88 mg
Fibra alimentaria: 1,7 g
Calcio: 204 mg
Hierro: 2,4 mg
Potasio: 565 mg
Sodio: 236 mg

Elaboracion

Separa la parte dura de los espárragos y el resto cuécelo en agua con un poco de sal y un chorro de aceite. Cuando lleve unos minutos cociendo, retira las yemas para rellenar los filetes y lo demás déjalo cocer hasta que esté bien tierno. Una vez cocido, prepara una crema, junto con las patatas, cocidas y peladas.

Sala los filetes y coloca encima dos yemas de espárrago por filete. Enróllalos y mételos en el horno con un trozo de mantequilla y casi cubiertos con caldo de pescado o agua. Hornéalos unos 10 minutos.

Pasa la crema de espárragos, hecha anteriormente, por un chino y baña con ella el fondo de una fuente. Coloca encima los filetes de gallo y acompáñalos con rodajas de zanahoria cocidas.

GALLOS CON SALSA DE ALMEJAS

Ingredientes

4 gallos de ración • 1 cebolleta • 2 dientes de ajo • 300 g de almejas • aceite • sal marina • harina • perejil • 1 vaso de txakolí o vino blanco

- Diabetes
- Estreñimiento
- Hipertensión arterial
- Insuficiencia renal
- Obesidad
- Osteoporosis
- Colesterol

Plato muy saludable y recomendado para cualquier persona, especialmente quienes padecen osteoporosis.
Deben consumirlo esporádicamente las personas con insuficiencia renal o con problemas de colesterol.

POR PERSONA

Calorías totales: 267 kcal
Proteínas: 41,3 g (62%)
Hidratos de carbono: 6,9 g (10%)
Grasas totales: 7,8 g (26%)
Saturada: 3,4%
Monoinsaturada: 14,2%
Poliinsaturada: 3,4%
Colesterol: 138 mg
Fibra alimentaria: 0,4 g
Calcio: 341 mg
Hierro: 2,8 mg
Potasio: 568 mg
Sodio: 309 mg

ELABORACION

Sala los gallos y cólocalos sobre la parrilla no más de 3 minutos por cada lado. Pocha el ajo y la cebolleta en una sartén con aceite. Añade las almejas y la harina, mezcla bien y añade el vino blanco y el perejil. Deja cocer a fuego suave hasta que se hagan las almejas.
Coloca un gallo por plato y las almejas alrededor.

KOKOTXAS CON REFRITO PICANTE

Ingredientes

800 g de kokotxas de bacalao • 3 dientes de ajo • 1/2 vaso de vino blanco • perejil picado • 2 ó 3 guindillitas secas • aceite

ELABORACION

Coloca en una placa de horno las kokotxas frescas o desaladas con un chorro de aceite y vino blanco. Cocínalas en horno fuerte durante 10 minutos aproximadamente.

En una sartén con aceite pon el ajo cortado en láminas junto con las guindillas y un poco de perejil y, cuando esté dorado, rocíalo con el jugo de la placa.

Coloca las kokotxas en un plato o fuente y salséalas con este refrito.

- Diabetes
- Estreñimiento
- Hipertensión arterial
- Insuficiencia renal
- Obesidad
- Osteoporosis
- Colesterol

Plato muy saludable y recomendado para cualquier persona.

Consumo esporádico en personas con insuficiencia renal; especialmente señalado para personas con problemas de colesterol y obesidad.

POR PERSONA

Calorías totales: 214 kcal
Proteínas: 34,7 g (65%)
Hidratos de carbono:3 g (6%)
Grasas totales: 6,4 g (27%)
 Saturada: 4,2%
 Monoinsaturada: 16%
 Poliinsaturada: 4,2%
Colesterol: 100 mg
Fibra alimentaria: 0,1 g
Calcio: 129 mg
Hierro: 2 mg
Potasio: 550 mg
Sodio: 186 mg

LANGOSTINOS AL HORNO

Ingredientes

24 langostinos (congelados) • 3 ajos picados • 1 vaso de aceite • 1 limón • 1 copa de brandy • 1/2 guindilla • perejil picado

- Diabetes
- Estreñimiento
- Hipertensión arterial
- Insuficiencia renal
- Obesidad
- Osteoporosis
- Colesterol

Plato muy saludable y recomendado especialmente para personas con obesidad y personas diabéticas. Deben consumirlo esporádicamente quienes padezcan hipertensión, problemas de colesterol o ácido úrico elevado.

POR PERSONA

Calorías totales: 272 kcal
Proteínas: 32,2 g (47%)
Hidratos de carbono: 2,8 g (4%)
Grasas totales: 12,1 g (40%)
Saturada: 6,9%
Monoinsaturada: 25,5%
Poliinsaturada: 4,3%
Colesterol: 225 mg
Fibra alimentaria: 0,1 g
Calcio: 180 mg
Hierro: 3 mg
Potasio: 549 mg
Sodio: 549 mg

ELABORACION

Una vez que los langostinos estén descongelados por completo, ábrelos por la mitad y colócalos en una fuente de horno con la cáscara hacia abajo. Sazónalos y riégalos con una salsa que habrás hecho anteriormente mezclando ajo picado, guindilla, también picada, y aceite.

Mete en el horno caliente a 125 grados durante 10 minutos y saca.

Riega los langostinos con su propio jugo, que han soltado al asarse en el horno.

Aparte, flambea el brandy y agrégale perejil picado.

Con esta mezcla rocía los langostinos y sirve.

LUBINA A LA MARINERA

Ingredientes

1 kg de lubina limpia • aceite • guindilla • hinojo• sal • vinagre • 4 tomates • 2 dientes de ajo • perejil picado

- Diabetes
- Estreñimiento
- Hipertensión arterial
- Insuficiencia renal
- Obesidad
- Osteoporosis
- Colesterol

Plato especialmente recomendado para el consumo por personas con hipertensión, con problemas de colesterol o diabéticas. Deben consumirlo con moderación personas obesas o con insuficiencia renal.

POR PERSONA

Calorías totales: 315 kcal
Proteínas: 33,6 g (43%)
Hidratos de carbono: 6,4 g (8%)
Grasas totales: 17,4 g (50%)
Saturada: 2%
Monoinsaturada: 10,3%
Poliinsaturada: 1,4%
Colesterol: 0 mg
Fibra alimentaria: 1,9 g
Calcio: 42 mg
Hierro: 2,5 mg
Potasio: 860 mg
Sodio: 164 mg

ELABORACION

Sala la lubina por dentro y también por fuera y la colocas en la placa del horno. Rellena el interior del pescado con un manojo de hinojo. Los tomates, enteros y limpios, los colocas también en la placa. Echa un chorro de aceite por encima, tanto de la lubina como de los tomates, y mete la placa en el horno caliente a 180 grados durante 30 minutos. Mientras se hace, debes observar que no se seque. Si ves que se seca, agrégale caldo o agua.
Para servir, abre el pescado por la mitad y rocíalo con un refrito a base de aceite, ajo, guindilla y perejil, todo picado. También un chorrito de vinagre.

MEJILLONES CON PIMIENTOS

Ingredientes

$1^{1/2}$ kg de mejillones • 1 vaso de vino blanco • 4 dientes de ajo • aceite • perejil picado • pimiento rojo • sal • pimienta blanca en grano • 1 cuch. de harina • agua

- Diabetes
- Estreñimiento
- Hipertensión arterial
- Insuficiencia renal
- Obesidad
- Osteoporosis
- Colesterol

Plato especialmente recomendado para el consumo de personas obesas, diabéticas, con osteoporosis o con anemia por falta de hierro. Deben consumirlo esporádicamente quienes tengan problemas de colesterol, insuficiencia renal, ácido úrico elevado o hipertensión.

POR PERSONA

Calorías totales: 265 kcal
Proteínas: 31 g (47%)
Hidratos de carbono: 11,4 g (17%)
Grasas totales: 9,8 g (34%)
Saturada: 3,4%
Monoinsaturada: 15,3%
Poliinsaturada: 6,1%
Colesterol: 125 mg
Fibra alimentaria: 0,4 g
Calcio: 253 mg
Hierro: 18,4 mg
Potasio: 824 mg
Sodio: 733 mg

ELABORACION

Pon los mejillones a cocer en agua con el vino y unos granos de pimienta, o al vapor en una vaporera, en la que habrás puesto en la parte inferior el agua junto con el vino y la pimienta.

Aparte, en una sartén saltea el pimiento picado con el ajo en láminas, sala al gusto y después añade la harina. Rehoga y agrega a continuación el caldo de cocción de los mejillones y el vino blanco. Liga la salsa y deja que reduzca, espolvoreando al final con perejil picado. Mientras, quita una de las valvas de cada mejillón, colócalos en una fuente de servir y salséalos.

MEJILLONES EN FRITADA

Ingredientes

1 kg de mejillones • 2 tomates • 1 cebolla • 1 pimiento verde • sal • 2 dientes de ajo • 1 copa de brandy • pimienta negra • aceite

- Diabetes
- Estreñimiento
- Hipertensión arterial
- Insuficiencia renal
- Obesidad
- Osteoporosis
- Colesterol

Plato saludable especialmente recomendado para personas obesas, con anemia por falta de hierro o diabéticas.
Deben consumirlo esporádicamente personas con insuficiencia renal o hipertensión.

POR PERSONA

Calorías totales: 286 kcal
Proteínas: 31,4 g (44%)
Hidratos de carbono: 11,6 g (16%)
Grasas totales: 10 g (31%)
Saturada: 5%
Monoinsaturada: 14,2%
Poliinsaturada: 5,7%
Colesterol: 125 mg
Fibra alimentaria: 1,3 g
Calcio: 264 mg
Hierro: 18,8 mg
Potasio: 1.024 mg
Sodio: 728 mg

ELABORACION

En una sartén con un poco de aceite pon a rehogar la cebolla picada, los tomates pelados y picados en dados, los pimientos verdes cortados en tiras, los ajos picados y unos granos de pimienta. Deja al fuego 5 minutos. Cuando esté rehogado, añade la copa de brandy y flambea con cuidado. En una cazuela al fuego pon los mejillones para que se abran. Una vez abiertos, quítales la cáscara que no tiene carne.

En el fondo de una fuente pon la fritada y alrededor los mejillones, adornados con perejil, y sirve.

Merluza al curry

Ingredientes

4 rodajas de merluza • 1 vaso de caldo de pescado • 1 cucharadita (de café) de curry • 2 cebolletas o 1 cebolla • 1 cuch. de harina • aceite • perejil picado • 2 dientes de ajo • 4 espárragos cocidos • 1/2 vaso del caldo de los espárragos • sal

- Diabetes
- Estreñimiento
- Hipertensión arterial
- Insuficiencia renal
- Obesidad
- Osteoporosis
- Colesterol

Plato muy saludable y recomendado para cualquier persona, especialmente obesos, pacientes con problemas de colesterol, hipertensos y diabéticos. Consumo esporádico en personas con insuficiencia renal.

POR PERSONA

Calorías totales: 208 kcal
Proteínas: 26,7 g (51%)
Hidratos de carbono: 7 g (13%)
Grasas totales: 8,1 g (35%)
Saturada: 4,8%
Monoinsaturada: 19,5%
Poliinsaturada: 5,2%
Colesterol: 75 mg
Fibra alimentaria: 0,5 g
Calcio: 103 mg
Hierro: 1,7 mg
Potasio: 461 mg
Sodio: 135 mg

Elaboracion

En una cazuela con aceite rehoga dos dientes de ajo en láminas y la cebolleta o cebolla troceada. Después, añade una cucharada de harina y rehoga. Sazona las rodajas de pescado y añádelas a la cazuela. Agrega el caldo de pescado, el de los espárragos y el curry. Espolvorea con perejil picado y haz las rodajas 4 ó 5 minutos por cada lado. Por último, agrega los espárragos y sirve.

Merluza al horno

Ingredientes

4 lomos de merluza • 200 g de cebolla • 4 cebollinos • 1/2 cuch. de harina de maíz refinada • 1 vaso de caldo de pescado o agua • sal • aceite • perejil picado

ELABORACION

Pon la merluza en la placa del horno con un chorrito de aceite y sal, añade medio vaso de caldo y métela al horno durante 8 minutos a 200 grados. Pasado ese tiempo, saca la merluza y colócala en el plato.

Aparte, pocha la cebolla muy picada en una sartén con un poco de aceite; sala y añade el caldo de la placa raspando el fondo junto con el resto del caldo de pescado. Liga luego la salsa con la harina de maíz refinada, espolvorea con el perejil picado y, por último, salsea la merluza. Antes de servir, decora el plato con el cebollino troceado.

- Diabetes
- Estreñimiento
- Hipertensión arterial
- Insuficiencia renal
- Obesidad
- Osteoporosis
- Colesterol

Plato muy saludable y recomendado para el consumo por parte de cualquier persona, tanto sana como enferma, a excepción de quienes tengan insuficiencia renal.

POR PERSONA

Calorías totales: 220 kcal
Proteínas: 26,8 g (49%)
Hidratos de carbono: 9,1 g (16%)
Grasas totales: 8,5 g (35%)
- Saturada: 4,5%
- Monoinsaturada: 18,4%
- Poliinsaturada: 4,9%

Colesterol: 75 mg
Fibra alimentaria: 0,5 g
Calcio: 115 mg
Hierro: 1,9 mg
Potasio: 562 mg
Sodio: 267 mg

MERLUZA EN AJADA A LA GALLEGA

Diabetes
Estreñimiento
Hipertensión arterial
Insuficiencia renal
Obesidad
Osteoporosis
Colesterol

Plato muy saludable y recomendado para cualquier persona, tanto sana como enferma, a excepción de las que tengan con obesidad o insuficiencia renal, que deben consumirlo esporádicamente.

POR PERSONA

Calorías totales: 321 kcal
Proteínas: 27,2 g (34%)
Hidratos de carbono: 12,3 g (15%)
Grasas totales: 18,1 g (51%)
Saturada: 7%
Monoinsaturada: 32,8%
Poliinsaturada: 5,9%
Colesterol: 75 mg
Fibra alimentaria: 1,1 g
Calcio: 102 mg
Hierro: 1,9 mg
Potasio: 411 mg
Sodio: 134 mg

Ingredientes

4 rodajas de merluza • 2 patatas medianas • 1 chorro de aceite • 1 rama de perejil • granos de pimienta • sal

Para la salsa: 1/2 cucharadita de pimentón dulce • 1/2 cucharadita de pimentón picante • 6 cuch. de aceite • 3 dientes de ajo • 1 cuch. de vinagre • 1 cuch. de caldo • sal

ELABORACION

En una cacerola pon las patatas peladas y cortadas en rodajas de medio centímetro, el perejil, los granos de pimienta, la sal y un chorro de aceite. Cubre de agua y deja hervir durante 15 minutos. Cuando la patata esté cocida, introduce la merluza y con la cacerola tapada espera que cueza unos 5 minutos aproximadamente.

Posteriormente, retira del fuego y deja reposar 10 minutos.

Por otra parte, en una sartén pon aceite y fríe los ajos. Una vez que estén bien dorados, añade el pimentón y una cucharada de caldo. Remueve bien y añade el vinagre y la sal.

Para servir, coloca la merluza en una fuente, rocíala con la salsa y acompáñala adornando con las patatas.

Ingredientes

4 rodajas de merluza • 300 g de almejas • 4 dientes de ajo • 1 cebolla • perejil picado • un chorro de vino blanco • caldo de pescado • 3 cuch. de carne de pimiento choricero • aceite • harina

- Diabetes
- Estreñimiento
- Hipertensión arterial
- Insuficiencia renal
- Obesidad
- Osteoporosis
- Colesterol

Plato especialmente recomendado para personas con problemas de colesterol, con hipertensión, o que sufren de estreñimiento y diabéticos. Deben consumirlo esporádicamente personas obesas o con insuficiencia renal.

POR PERSONA

Calorías totales: 689 kcal
Proteínas: 42 g (24%)
Hidratos de carbono: 21,7 g (13%)
Grasas totales: 49,4 g (65%)
Saturada: 5,5%
Monoinsaturada: 86,9%
Poliinsaturada: 11,3%
Colesterol: 75 mg
Fibra alimentaria: 11,1 g
Calcio: 293 mg
Hierro: 5 mg
Potasio: 1.045 mg
Sodio: 197 mg

ELABORACION

En una cazuela de barro rehoga el ajo y la cebolla, y cuando estén hechos añade las rodajas de merluza, previamente pasadas por harina. Echa un poco de harina en la cazuela y deja que se hagan un poco. Da la vuelta a las rodajas. Cuando la merluza comience a soltar su gelatina, mueve la cazuela con un suave vaivén y añade entonces el vino blanco poco a poco, sigue moviendo y agrega lentamente el caldo de pescado. Cuando la salsa espese un poco, añade las almejas y la carne (o salsa) de pimiento choricero. Cuece todo a fuego lento durante 8 minutos. Espolvorea con perejil picado y sirve.

Pescadilla asada

Ingredientes

1 pescadilla de 1 kg • 4 cebolletas • 1 vaso de vino blanco • 2 dientes de ajo • aceite • sal • perejil picado • 1 limón

- Diabetes
- Estreñimiento
- Hipertensión arterial
- Insuficiencia renal
- Obesidad
- Osteoporosis
- Colesterol

Plato especialmente recomendado para personas obesas, con hipertensión arterial o con problemas de colesterol y personas diabéticas.
Deben consumirlo esporádicamente enfermos con insuficiencia renal.

POR PERSONA

Calorías totales: 294 kcal
Proteínas: 43,1 g (59%)
Hidratos de carbono: 4 g (5%)
Grasas totales: 10,1 g (31%)
Saturada: 4,3%
Monoinsaturada: 15,3%
Poliinsaturada: 5,2%
Colesterol: 125 mg
Fibra alimentaria: 1,3 g
Calcio: 182 mg
Hierro: 2,5 mg
Potasio: 723 mg
Sodio: 246 mg

Elaboracion

Limpia la pescadilla, filetéala y sazona.
Corta en juliana la cebolleta y póchala con los dientes de ajo cortados en láminas. Sazona. Cuando esté casi pochado, añade el vino blanco y deja reducir 10 minutos a fuego lento. Coloca la pescadilla en la bandeja del horno, cúbrela con la cebolleta pochada y espolvoréala con perejil picado y un chorro de aceite crudo. Hornea a 180 grados, unos 10 o 12 minutos, hasta que la pescadilla esté hecha.
Por último, sirve el pescado, salsea y decora con el limón.

PULPO GUISADO

Ingredientes

600 g de pulpo • 1 cebolla • 2 ó 3 dientes de ajo • perejil picado • 1 cuch. de pimentón • 1 cuch. de harina • 1 vaso de vino blanco • 3 patatas (fritas en dados) • 2 pimientos asados en tiras • aceite • agua • sal

- Diabetes
- Estreñimiento
- Hipertensión arterial
- Insuficiencia renal
- Obesidad
- Osteoporosis
- Colesterol

Plato saludable recomendado especialmente para personas obesas, con problemas de colesterol o con osteoporosis. Deben consumirlo esporádicamente personas con insuficiencia renal o con ácido úrico elevado.

ELABORACION

Cuece el pulpo de 1 hora y cuarto a 1 hora y media en abundante agua con sal. Una vez cocido, déjalo reposar y pártelo en trozos pequeños.

En una cazuela con aceite pocha la cebolla y el ajo bien picados. Después, añade el pimentón y rehoga; agrega a continuación la harina y sigue rehogando.

Moja con el vino blanco y 2 cazos de agua, agrega el pulpo cocido, las patatas y los pimientos. Espolvorea con perejil picado y guísalo durante 5 minutos aproximadamente.

POR PERSONA

Calorías totales: 228 kcal
Proteínas: 18,2 g (32%)
Hidratos de carbono: 19,9 g (35%)
Grasas totales: 6,7 g (26%)
Saturada: 2,8%
Monoinsaturada: 14,2%
Poliinsaturada: 2%
Colesterol: 0 mg
Fibra alimentaria: 1,6 g
Calcio: 232 mg
Hierro: 3,2 mg
Potasio: 85 mg
Sodio: 21 mg

Rape a la Catalana

Ingredientes

600 g de rape en lonchas • 8 cuch. de salsa de tomate • 1 vaso de caldo de pescado • 1 cuch. de harina • 2 cebolletas • 100 g de guisantes cocidos •1 hoja de laurel • sal • aceite

Para el majado: 3 dientes de ajo • una pizca de azafrán • 2 cuch. de almendras tostadas

- Diabetes
- Estreñimiento
- Hipertensión arterial
- Insuficiencia renal
- Obesidad
- Osteoporosis
- Colesterol

Plato especialmente recomendado para personas obesas, hipertensas, con problemas de colesterol o diabéticas.
Deben consumirlo esporádicamente quienes padezcan insuficiencia renal o tengan ácido úrico elevado.

POR PERSONA

Calorías totales: 261 kcal
Proteínas: 28,9 g (44%)
Hidratos de carbono: 10,9 g (17%)
Grasas totales: 11,4 g (39%)
Saturada: 3,2%
Monoinsaturada: 22,4%
Poliinsaturada: 6,2%
Colesterol: 75 mg
Fibra alimentaria: 2,5 g
Calcio: 124 mg
Hierro: 2,4 mg
Potasio: 596 mg
Sodio: 170 mg

Elaboracion

Pica la cebolleta, rehógala con un poco de aceite y sazona. Añade la harina y el laurel, y rehoga bien. Incorpora la salsa de tomate y el caldo de pescado, dejando que se haga todo unos minutos. Haz un majado con el azafrán, los ajos y las almendras tostadas. Añade el majado a la salsa removiendo bien. Después agrega el rape ya sazonado y los guisantes. Deja que se haga durante unos minutos por cada lado y sirve.

Raya con setas y guisantes

Ingredientes

1/2 kg de raya • 200 g de setas • 200 g de guisantes • 2 cebolletas • 1 tomate picado • aceite • agua • sal • 1 cuch. de harina • 1 vaso de vino blanco o txakolí

- Diabetes
- Estreñimiento
- Hipertensión arterial
- Insuficiencia renal
- Obesidad
- Osteoporosis
- Colesterol

Plato especialmente recomendado para personas con problemas de colesterol, diabéticos, quienes sufren de estreñimiento y personas con hipertensión u obesas. Deben consumirlo esporádicamente personas con insuficiencia renal.

ELABORACION

Limpia la raya, pártela en trozos grandes y sazona.
Cuece los guisantes en agua con sal y resérvalos.
Pica las cebolletas y el tomate, saltéalos con un poco de aceite y sazona. Añade la harina, rehoga bien y agrega el vino blanco. Deja reducir un par de minutos y echa las setas limpias y troceadas junto con un vaso de agua. Cuando las setas estén listas, añade los trozos de raya y guísalos 5 minutos por cada lado. Por último, agrega los guisantes, dejándolo hacer todo junto durante unos minutos. Pon a punto de sal y sirve.

POR PERSONA

Calorías totales: 299 kcal
Proteínas: 25,1 g (33%)
Hidratos de carbono: 16,5 g (22%)
Grasas totales: 13 g (39%)
- Saturada: 2,1%
- Monoinsaturada: 10,8%
- Poliinsaturada: 1,5%

Colesterol: 0 mg
Fibra alimentaria: 5,3 g
Calcio: 53 mg
Hierro: 2,8 mg
Potasio: 828 mg
Sodio: 129 mg

SALMON FRESCO CON REFRITO DE SIDRA

Ingredientes

4 lonchas de salmón • 3 dientes de ajo • sal• 2 cuch. de vinagre de sidra • 3 cuch. de aceite de oliva • pimienta

- Diabetes
- Estreñimiento
- Hipertensión arterial
- Insuficiencia renal
- Obesidad
- Osteoporosis
- Colesterol

Plato especialmente recomendado para el consumo por parte de personas obesas o con insuficiencia renal, con hipertensión o diabéticos. Deben consumirlo esporádicamente personas con problemas de colesterol.

POR PERSONA

Calorías totales: 258 kcal
Proteínas: 16,3 g (25%)
Hidratos de carbono: 2,4 g (4%)
Grasas totales: 20 g (70%)
Saturada: 14,3%
Monoinsaturada: 36,3%
Poliinsaturada: 12,9%
Colesterol: 70 mg
Fibra alimentaria: 0 g
Calcio: 1 mg
Hierro: 1 mg
Potasio: 40 mg
Sodio: 61 mg

ELABORACION

Salpimenta las lonchas de salmón y ponlas en una sartén antiadherente con tres gotas de aceite. Cuando el salmón esté doradito por los dos lados, retira a un plato y rocía con vinagre de sidra. En la misma sartén pon aceite a calentar y dora los ajos fileteados. Rocía con este refrito el salmón y sirve.

SALMONETES AL AZAFRAN

Ingredientes

4 salmonetes de 200 g • 2 tomates • azafrán • sal • 1/4 litro de agua • aceite

- Diabetes
- Estreñimiento
- Hipertensión arterial
- Insuficiencia renal
- Obesidad
- Osteoporosis
- Colesterol

Plato especialmente recomendado para personas obesas, con hipertensión o diabéticos.
Deben consumirlo esporádicamente quienes tengan insuficiencia renal o problemas de colesterol.

POR PERSONA

Calorías totales: 250 kcal
Proteínas: 28,7 g (46%)
Hidratos de carbono: 6 g (10%)
Grasas totales: 12,6 g (45%)
Saturada: 10%
Monoinsaturada: 19,1%
Poliinsaturada: 6,1%
Colesterol: 140 mg
Fibra alimentaria: 0,8 g
Calcio: 66 mg
Hierro: 1,7 mg
Potasio: 650 mg
Sodio: 162 mg

ELABORACION

Filetea los salmonetes quitando bien las espinas. Con las cabezas y las espinas haz un caldo. Para esto sofríe cabezas y espinas en un poco de aceite, cubre de agua y deja hervir, esperando a que reduzca a la mitad.
En otra sartén pon aceite y sofríe el tomate pelado y cortado en cuadraditos. Añade el azafrán y espera 10 minutos a que se rehogue perfectamente. Después, agrega el caldo de pescado.
Sazona los filetes de salmonete y ponlos en la sartén. Deja que se hagan un par de minutos por cada lado y sirve.

SALMONETES ENCEBOLLADOS CON TOMATE

Ingredientes

4 salmonetes de ración • 2 cebolletas o 1 cebolla • 2 tomates maduros • 6 dientes de ajo • unas hebras de azafrán • harina • aceite de oliva • sal • 1 limón

- Diabetes
- Estreñimiento
- Hipertensión arterial
- Insuficiencia renal
- Obesidad
- Osteoporosis
- Colesterol

Plato especialmente recomendado para el consumo por parte de personas obesas, hipertensas, con problemas de colesterol o diabéticas. Deben consumirlo esporádicamente aquellos con insuficiencia renal.

POR PERSONA

Calorías totales: 232 kcal
Proteínas: 22,6 g (39%)
Hidratos de carbono: 11,4 g (20%)
Grasas totales: 10,8 g (42%)
- Saturada: 8,9%
- Monoinsaturada: 19%
- Poliinsaturada: 5,4%

Colesterol: 105 mg
Fibra alimentaria: 1,8 g
Calcio: 63 mg
Hierro: 1,4 mg
Potasio: 549 mg
Sodio: 124 mg

ELABORACION

En una sartén con aceite fríe dos ajos en láminas y, cuando estén dorados, añade el tomate troceado. Sazona y condimenta con el azafrán. Deja pochar unos minutos.

Aparte, limpia los salmonetes retirándoles las escamas y las vísceras. Sazona y pásalos por harina. Fríelos en una sartén con aceite caliente junto con 4 dientes de ajo enteros.

Corta las cebolletas en juliana y cuando des la vuelta a los salmonetes añádeselas y deja freír todo junto durante 3 minutos por cada lado.

Para servir, coloca la fritada en una fuente, pon encima los salmonetes y, sobre ellos, la cebolla y el ajo. Decora con un limón.

Sardinas con tomate

Ingredientes

20 sardinas • 100 g de jamón en taquitos • 1 cebolleta • 200 g de salsa de tomate • 1 diente de ajo • 1 hoja de albahaca • aceite • vinagre de sidra • sal • perejil picado

- Diabetes
- Estreñimiento
- Hipertensión arterial
- Insuficiencia renal
- Obesidad
- Osteoporosis
- Colesterol

Plato especialmente recomendado para el consumo por parte de personas diabéticas o con insuficiencia renal. Deben consumirlo con moderación quienes tengan problemas de colesterol.

POR PERSONA

Calorías totales: 342 kcal
Proteínas: 31 g (36%)
Hidratos de carbono: 2,7 g (3%)
Grasas totales: 23,2 g (61%)
- Saturada: 18,2%
- Monoinsaturada: 25,8%
- Poliinsaturada: 11,3%

Colesterol: 141 mg
Fibra alimentaria: 0,8 mg
Calcio: 15 mg
Hierro: 2,1 mg
Potasio: 60 mg
Sodio: 280 mg

Elaboracion

Limpia las sardinas de cabeza y espinas y sazónalas.

Pon a pochar la cebolleta y el ajo troceados junto con el jamón en una sartén con un poco de aceite. Después, añade las sardinas y un chorro de vinagre de sidra. Fríelas unos minutos por cada lado, sin que queden muy hechas. Añade la salsa de tomate caliente con la albahaca. Deja reposar 3 ó 4 minutos y sírvelas. Puedes espolvorearlas con perejil picado.

TRUCHAS AL HORNO

Ingredientes

4 truchas de ración • limón • pimienta blanca • pimientos del piquillo • aceite • vinagre • sal

Para la provenzal: pan rallado • 2 ajos picados • perejil picado

- Diabetes
- Estreñimiento
- Hipertensión arterial
- Insuficiencia renal
- Obesidad
- Osteoporosis
- Colesterol

Plato saludable especialmente recomendado para personas obesas, con hipertensión o con problemas de colesterol.
Deben consumirlo esporádicamente las personas con insuficiencia renal.

POR PERSONA
Calorías totales: 270 kcal
Proteínas: 37,3 g (55%)
Hidratos de carbono: 7,7 g (11%)
Grasas totales: 11,1 g (37%)
Saturada: 5,3%
Monoinsaturada: 17%
Poliinsaturada: 9%
Colesterol: 114 mg
Fibra alimentaria: 0,6 g
Calcio: 52 mg
Hierro: 2,2 mg
Potasio: 807 mg
Sodio: 190 mg

ELABORACION

Salpimenta las truchas bien limpias y secas y colócalas en una placa de horno. Riégalas con un chorrito de aceite y unas gotas de vinagre. Cúbrelas con la mezcla provenzal y mételas en el horno caliente a 180 grados durante 10 minutos. Mientras tanto, fríe con unas gotas de aceite y a fuego lento unos pimientos del piquillo. Cuando las truchas estén bien asadas, sírvelas en una fuente con los pimientos del piquillo. Si te sientes artista, también puedes decorar con un limón trabajado.

POSTRES

Arroz dulce al azafran

Ingredientes

2 vasos grandes de zumo de naranja • ralladura de una naranja • 1/2 vaso de arroz • 4 hebras de azafrán • 1 puñado de almendras fileteadas y tostadas • gajos de naranja sin piel • 3 cucharadas de azúcar o miel (al gusto)

- Diabetes
- Estreñimiento
- Hipertensión arterial
- Insuficiencia renal
- Obesidad
- Osteoporosis
- Colesterol

Plato muy saludable y recomendado para cualquier persona, tanto sanas como enfermas, incluyendo pacientes con insuficiencia renal.
Deben consumirlo con moderación personas obesas y diabéticos.

POR PERSONA

Calorías totales: 298 kcal
Proteínas: 5,9 g (8%)
Hidratos de carbono: 50,6 g (68%)
Grasas totales: 8,8 g (27%)
    Saturada: 1,8%
    Monoinsaturada: 16%
    Poliinsaturada: 4,5%
Colesterol: 0 mg
Fibra alimentaria: 2,2 g
Calcio: 63,6 mg
Hierro: 1,1 mg
Potasio: 322 mg
Sodio: 2,8 mg

Elaboracion

Cuece el arroz con el zumo y la ralladura y remueve a fuego suave. Cuando esté casi cocido, unos 15 minutos, añade la miel o el azúcar con el azafrán y deja unos 5 minutos más al fuego hasta que esté a punto.
Reparte en cazuelitas individuales, y cuando esté frío, decora con la almendra tostada y unos gajos de naranja sin piel.

Ingredientes

2 melocotones en almíbar • 2 plátanos • 2 kiwis • 1 cuch. de miel • 1 taza de frambuesas • 1 taza de grosellas • unos cubitos de hielo • 1 vaso de agua

- Diabetes
- Estreñimiento
- Hipertensión arterial
- Insuficiencia renal
- Obesidad
- Osteoporosis
- Colesterol

Plato especialmente recomendado para personas con estreñimiento, con problemas de colesterol o con hipertensión.
Deben consumirlo con moderación personas obesas, con insuficiencia renal o diabéticas.

ELABORACION

Pela los plátanos y los kiwis y córtalos junto con los melocotones en trozos. Colócalos en un bol y añade las frambuesas y las grosellas (reserva alguna grosella y rodajas de kiwi para decorar). Tritúralo todo bien con ayuda de una batidora. Añade el agua, la miel y 2 ó 3 cubitos de hielo y sigue batiendo. Colócalo en unas copas o vasos, decorándolos con unas rodajas de kiwi y alguna grosella. Sírvelo acompañado de una pajita.

POR PERSONA

Calorías totales: 208 kcal
Proteínas: 2,4 g (5%)
Hidratos de carbono: 48,5 g (93%)
Grasas totales: 0,9 g (4%)
- Saturada: 0,4%
- Monoinsaturada: 3%
- Poliinsaturada: 0,4%

Colesterol: 0 mg
Fibra alimentaria: 6,7 g
Calcio: 54,5 mg
Hierro: 1,6 mg
Potasio: 605 mg
Sodio: 6,3 mg

BATIDO DE PLATANO

Ingredientes

1/2 litro de leche • 4 plátanos • 2 cuch. de azúcar • canela • sal • hielo picado

- Diabetes
- Estreñimiento
- Hipertensión arterial
- Insuficiencia renal
- Obesidad
- Osteoporosis
- Colesterol

Plato especialmente recomendado para personas con estreñimiento o con hipertensión.
Deben consumirlo esporádicamente las personas con insuficiencia renal, diabéticos y obesos.

POR PERSONA

Calorías totales: 252 kcal
Proteínas: 6,7 g (11%)
Hidratos de carbono: 43,7 g (69%)
Grasas totales: 5,7 g (20%)
Saturada: 10,7%
Monoinsaturada: 5,4%
Poliinsaturada: 1%
Colesterol: 17,5 mg
Fibra alimentaria: 4,9 g
Calcio: 176 mg
Hierro: 1,1 mg
Potasio: 815 mg
Sodio: 55 mg

ELABORACION

Pon en una jarra la leche, el plátano en trozos con dos cucharadas de azúcar, una pizca de sal y el hielo picado. Bate todo y sirve en unas copas espolvoreando canela en polvo y adornando con una rodajita de plátano.

BATIDO DE VERANO

Ingredientes

4 yogures naturales • 1 vaso de azúcar • 2 vasos de agua • 16 fresas • unas gotas de limón

Para decorar: granadina y azúcar • unas hojas de menta • corteza de 1 limón

- Diabetes
- Estreñimiento
- Hipertensión arterial
- Insuficiencia renal
- Obesidad
- Osteoporosis
- Colesterol

Plato especialmente recomendado para personas con osteoporosis o con hipertensión.
Pueden consumirlo también personas con insuficiencia renal o con problemas de colesterol.

ELABORACION

Prepara un almíbar calentando, durante 10 minutos aproximadamente, el agua con el azúcar y unas gotas de limón. Déjalo templar.

En una jarra, echa los yogures, el almíbar y las fresas y mézclalo todo con ayuda de una batidora.

Unta el borde de cada vaso o copa con un poco de granadina y después con el azúcar.

Sirve el batido decorado con unas hojas de menta y corteza de limón.

POR PERSONA

Calorías totales: 194 kcal
Proteínas: 4,7 g (10%)
Hidratos de carbono: 34,1 g (70%)
Grasas totales: 4,4 g (20%)
Saturada: 11,4%
Monoinsaturada: 5%
Poliinsaturada: 0,5%
Colesterol: 12,5 mg
Fibra alimentaria: 1,2 g
Calcio: 176 mg
Hierro: 0,4 mg
Potasio: 265 mg
Sodio: 81 mg

Brocheta de frutas

Ingredientes

1 plátano • 1/4 de piña • 1 kiwi • 1 manzana • 1/2 mango • 8 fresas • 1 ciruela • 1 copa de brandy • 200 g de azúcar

- Diabetes
- Estreñimiento
- Hipertensión arterial
- Insuficiencia renal
- Obesidad
- Osteoporosis
- Colesterol

Plato especialmente recomendado para personas con estreñimiento, hipertensión o con problemas de colesterol.
Deben consumirlo esporádicamente personas con obesidad y con insuficiencia renal.

POR PERSONA

Calorías totales: 394 kcal
Proteínas: 2,2 g (2%)
Hidratos de carbono: 90 g (91%)
Grasas totales: 1,1 g (3%)
Saturada: 1%
Monoinsaturada: 1,4%
Poliinsaturada: 0,2%
Colesterol: 0 mg
Fibra alimentaria: 5,3 g
Calcio: 61 mg
Hierro: 2,1 mg
Potasio: 791 mg
Sodio: 8,5 mg

Elaboracion

Trocea la fruta y ponla a macerar con el azúcar y el brandy por espacio de 30 minutos. Ensarta la fruta y colócala en la barbacoa (4 minutos por cada lado), espolvoreándola con azúcar hasta que ésta empiece a caramelizarse. Acompaña las brochetas con el brandy azucarado reducido.

CARAMELO DE MIEL CON QUESO FRESCO

Ingredientes

150 g de queso fresco • 120 g de frambuesas • 2 plátanos

Para el caramelo: 150 g de azúcar • 100 g de miel • 100 ml de agua • unas gotas de limón

- Diabetes
- Estreñimiento
- Hipertensión arterial
- Insuficiencia renal
- Obesidad
- Osteoporosis
- Colesterol

Plato especialmente recomendado para personas con problemas de colesterol y que sufran estreñimiento. Deben consumirlo esporádicamente hipertensos y diabéticos.

POR PERSONA

Calorías totales: 353 kcal
Proteínas: 6,8 g (8%)
Hidratos de carbono: 73,4 g (83%)
Grasas totales: 4,5 g (11%)
Saturada: 5,9%
Monoinsaturada: 3,1%
Poliinsaturada: 0,3%
Colesterol: 34 mg
Fibra alimentaria: 4,2 g
Calcio: 95 mg
Hierro: 0,9 mg
Potasio: 432 mg
Sodio: 424 mg

ELABORACION

Haz un caramelo claro con sus ingredientes: en un recipiente pon el azúcar, la miel y el agua con unas gotas de limón. Caliéntalo hasta que caramelice. Aparta del fuego y déjalo reposar para que baje la espuma.

Pon el caramelo entre dos papeles de horno, y con un rodillo estíralo lo más fino que puedas. Déjalo enfriar hasta que se endurezca. Después, retira el papel.

Mientras tanto, pela los plátanos y haz lonchas.

Monta el plato alternando capas de plátano y frambuesas con el queso en láminas y trozos de caramelo.

Citricos a la menta

Ingredientes

2 naranjas • 1 pomelo • 1 limón • 1 cuch. de azúcar • menta fresca • 1/2 copa de licor • 1 kiwi

- Diabetes
- Estreñimiento
- Hipertensión arterial
- Insuficiencia renal
- Obesidad
- Osteoporosis
- Colesterol

Plato muy saludable y recomendable para su consumo por parte de cualquier persona, especialmente personas con problemas de colesterol y personas hipertensas. Deben consumirlo con moderación las personas obesas y con problemas renales.

POR PERSONA

Calorías totales: 141 kcal
Proteínas: 1,5 g (4%)
Hidratos de carbono: 27,5 g (78%)
Grasas totales: 0,5 g (3%)
  Saturada: 0%
  Monoinsaturada: 0,5%
  Poliinsaturada: 0%
Colesterol: 0 mg
Fibra alimentaria: 2,5 g
Calcio: 45 mg
Hierro: 0,8 mg
Potasio: 345 mg
Sodio: 5 mg

Elaboracion

Pela y trocea la fruta: una naranja (reserva la otra), el limón y el pomelo en gajos, y el kiwi en rodajas.

Coloca los gajos de naranja en forma de círculo en un plato. Intercala gajos de pomelo entre los de naranja. En el centro del círculo pon el limón y cúbrelo con el kiwi en rodajas. Espolvorea azúcar por encima.

Con la otra naranja prepara un zumo y mézclalo con el licor. Con esta mezcla rocía toda la fruta y adórnala con unas hojitas de menta fresca.

Ingredientes

8 manzanas • 8 higos • 4 orejones de melocotón • 4 orejones de albaricoque • un puñado de pasas de corinto • 4 ciruelas pasas • 1/2 litro de vino tinto • 1/4 litro de agua • 4 cuch. de azúcar • 1 rama de canela

ELABORACION

En una cazuela pon un cuarto de litro de vino y un vaso grande de agua, y llévalo al fuego. Cuando esté a punto de hervir, incorpora toda la fruta bien limpia, pelada y troceada. También pon el azúcar y la rama de canela. A las manzanas, además de pelarlas, les habrás quitado el corazón y las habrás partido en trozos. Deja la cazuela al fuego para que hierva durante media hora.
Transcurrido este tiempo, agrega el resto del vino y del agua y deja otros 5 minutos al fuego. Después, pásalo todo a una fuente y sirve.

- Diabetes
- Estreñimiento
- Hipertensión arterial
- Insuficiencia renal
- Obesidad
- Osteoporosis
- Colesterol

Plato especialmente recomendado para personas que sufren de estreñimiento y deportistas.
Deben consumirlo esporádicamente personas obesas o con insuficiencia renal.

POR PERSONA

Calorías totales: 498 kcal
Proteínas: 3,5 g (3%)
Hidratos de carbono: 109,1 g (88%)
Grasas totales: 1,7 g (3%)
Saturada: 1%
Monoinsaturada: 1,8%
Poliinsaturada: 0,2%
Colesterol: 0 mg
Fibra alimentaria: 14,2 g
Calcio: 95 mg
Hierro: 4,6 mg
Potasio: 981 mg
Sodio: 61 mg

Ensalada de frutas con miel

Ingredientes

1 piña • 1/2 limón • 1 pomelo • 1 manzana • 4 cuch. de miel • unas grosellas • unas hojas de menta

- Diabetes
- Estreñimiento
- Hipertensión arterial
- Insuficiencia renal
- Obesidad
- Osteoporosis
- Colesterol

Plato especialmente recomendado para personas con hipertensión y con problemas de colesterol. Deben consumirlo con moderación personas con insuficiencia renal.

POR PERSONA

Calorías totales: 155 kcal
Proteínas: 1,4 g (4%)
Hidratos de carbono: 36 g (93%)
Grasas totales: 0,7 g (5%)
Colesterol: 0 mg
Fibra alimentaria: 2,8 g
Calcio: 33 mg
Hierro: 1,6 mg
Potasio: 593 mg
Sodio: 6 mg

Elaboracion

Corta los extremos de la piña, pártela a lo largo y vacíala sin romperla. Reserva la pulpa después de haber retirado la parte leñosa.

Pela y corta en trocitos el pomelo y la manzana. Colócalos en un bol y añade la pulpa de piña troceada y las grosellas. Añade el zumo de medio limón, mézclalo todo bien y rellena con esta ensalada las medias piñas. Adereza con la miel y sirve adornado con unas hojas de menta.

Ingredientes

2 ó 3 plátanos • el zumo de una naranja • 2 claras de huevo • 3 cuch. de azúcar • canela en polvo • una ramita de menta

- Diabetes
- Estreñimiento
- Hipertensión arterial
- Insuficiencia renal
- Obesidad
- Osteoporosis
- Colesterol

Plato muy saludable y recomendado para el consumo por parte de cualquier persona, a excepción de diabéticos.

ELABORACION

Pon en un bol los plátanos pelados y troceados junto con el zumo de naranja. Con una batidora haz un puré.

Aparte, monta las claras a punto de nieve, añade el azúcar y agrégaselo al puré de plátano. Mézclalo todo bien. Coloca la espuma en copas individuales y refrigéralo. Sirve muy frío, espolvoreado con canela y adornado con una ramita de menta.

Puedes acompañarlo con salsa de chocolate.

POR PERSONA

Calorías totales: 94 kcal
Proteínas: 2,6 g (12%)
Hidratos de carbono: 20,1 g (85%)
Grasas totales: 0,5 g (5%)
Colesterol: 0 mg
Fibra alimentaria: 2,5 g
Calcio: 15,1 mg
Hierro: 0,6 mg
Potasio: 374 mg
Sodio: 21 mg

Ingredientes

2 manzanas • 1/2 piña • un puñado de pasas • 100 g de azúcar • canela • 1 yogur de frutas • 1 yogur natural • 1 cuch. de miel • hierbabuena

- Diabetes
- Estreñimiento
- Hipertensión arterial
- Insuficiencia renal
- Obesidad
- Osteoporosis
- Colesterol

Plato especialmente recomendado para personas que sufren de estreñimiento y deportistas.
Deben consumirlo con moderación las personas obesas o con insuficiencia renal.

POR PERSONA

Calorías totales: 279 kcal
Proteínas: 2 g (3%)
Hidratos de carbono: 66,1 g (95%)
Grasas totales: 1,2 g (4%)
Saturada: 1,3%
Monoinsaturada: 0,7 %
Poliinsaturada: 1,6%
Colesterol: 3 mg
Fibra alimentaria: 5,1 g
Calcio: 65 mg
Hierro: 1,5 mg
Potasio: 535 mg
Sodio: 28 mg

ELABORACION

Trocea la fruta en láminas. Cuécela en un poco de agua con azúcar y canela. Transcurridos 15 minutos de cocción, saca las frutas y escúrrelas. En un bol, mezcla los dos yogures y una cucharada de miel. Vierte en el plato, y pon encima las frutas cocidas y escurridas y las pasas.
Adorna con unas hojas de hierbabuena antes de servir.

Ingredientes

1 melón • 10 guindas en licor • unas hojitas de menta • canela en polvo • 1/2 vaso de Grand Marnier

- Diabetes
- Estreñimiento
- Hipertensión arterial
- Insuficiencia renal
- Obesidad
- Osteoporosis
- Colesterol

Plato muy saludable y recomendado para cualquier persona, tanto sanos como enfermos.
Deben consumirlo con moderación las personas con insuficiencia renal.

ELABORACION

Parte el melón por la mitad y haz bolitas con la carne de dentro. Rellena con las bolas y las guindas y baña con el licor. Por último, espolvorea con canela y decora con hojas de menta.

POR PERSONA

Calorías totales: 133 kcal
Proteínas: 2,5 g (8%)
Hidratos de carbono: 23 g (69%)
Grasas totales: 0,7 g (5%)
Colesterol: 0 mg
Fibra alimentaria: 3,3 g
Calcio: 52 mg
Hierro: 1,2 mg
Potasio: 750 mg
Sodio: 49 mg

NARANJAS CON ACEITE DE OLIVA

Ingredientes

4 naranjas • 1 chorro de aceite • hojas de menta • miel o 4 cucharadas de azúcar

- Diabetes
- Estreñimiento
- Hipertensión arterial
- Insuficiencia renal
- Obesidad
- Osteoporosis
- Colesterol

Plato especialmente recomendado para personas con hipertensión, con problemas de colesterol o que sufren de estreñimiento. Deben consumirlo esporádicamente las personas obesas.

POR PERSONA

Calorías totales: 231 kcal
Proteínas: 2,1 g (3%)
Hidratos de carbono: 32 g (55%)
Grasas totales: 10,4 g (40%)
Saturada: 5,5%
Monoinsaturada: 28,1%
Poliinsaturada: 3,5%
Colesterol: 0 mg
Fibra alimentaria: 3,8 g
Calcio: 57 mg
Hierro: 0,9 mg
Potasio: 355 mg
Sodio: 6 mg

ELABORACION

Pela las naranjas y córtalas en rodajas a la contra. Rocíalas con un chorrito de aceite de oliva y miel o azúcar y decóralas con hojitas de menta. Ésta es una receta cordobesa.

Peras al vapor de menta

Ingredientes

8 peras • 1 manojo de menta • 30 g de azúcar • 1 vaina de vainilla • el zumo de 2 limones • 100 g de frambuesas • 2 palos de vainilla

- Diabetes
- Estreñimiento
- Hipertensión arterial
- Insuficiencia renal
- Obesidad
- Osteoporosis
- Colesterol

Plato recomendado para cualquier tipo de persona, especialmente para quienes tienen estreñimiento, hipertensión u obesidad. Deben consumirlo con moderación personas diabéticas.

ELABORACION

En el recipiente inferior de una vaporera pon la vainilla, el azúcar y la menta (reserva unas hojas). Cubre con agua. Dispón encima el recipiente superior y en su interior coloca las peras peladas, pero con rabo y mojadas con el zumo de limón. Tapa y deja cocer al vapor durante 15 ó 20 minutos, hasta que estén tiernas.

A continuación, saca las peras y deja que el caldo de cocción se reduzca hasta convertirse en jarabe. Sirve las peras frías con el jarabe caliente y adorna con unas hojas de menta y las frambuesas. Este postre también se puede acompañar con mermeladas o salsas de fruta.

POR PERSONA

Calorías totales: 223 kcal
Proteínas: 0,9 g (2%)
Hidratos de carbono: 54,6 g (98%)
Grasas totales: 0,8 g (3%)
- Saturada: 0,8%
- Monoinsaturada: 2,2%
- Poliinsaturada: 0%

Colesterol: 0 mg
Fibra alimentaria: 4,5 g
Calcio: 38 mg
Hierro: 0,8 mg
Potasio: 267 mg
Sodio: 5,6 mg

SANDIA RELLENA

Ingredientes

125 g de sandía • 50 g de melocotón • 1 naranja • 12 fresas • 12 cerezas • 1 pera • 1 vaso pequeño de ron • 50 g de azúcar • el zumo de 2 naranjas

- Diabetes
- Estreñimiento
- Hipertensión arterial
- Insuficiencia renal
- Obesidad
- Osteoporosis
- Colesterol

Plato saludable y recomendado para cualquier persona, especialmente para quienes sufren de estreñimiento, hipertensión o problemas de colesterol. Deben consumirlo con moderación las personas con obesidad o con insuficiencia renal.

POR PERSONA

Calorías totales: 272 kcal
Proteínas: 2,8 g (4%)
Hidratos de carbono: 57 g (84%)
Grasas totales: 1,2 g (4%)
- Saturada: 0,6%
- Monoinsaturada: 3,3%
- Poliinsaturada: 0,1%

Colesterol: 0 mg
Fibra alimentaria: 5 g
Calcio: 73 mg
Hierro: 1,5 mg
Potasio: 646 mg
Sodio: 17 mg

ELABORACION

Corta la sandía por la mitad o algo menos. Vacíala con un torneador o con una cucharilla y forma bolitas con su relleno, quitándole previamente las pepitas. Pon las bolas de sandía en un bol.

Pela y limpia el resto de la fruta. Córtala y ponla también en el mismo recipiente. Añade el ron, el azúcar y el zumo de naranja. Mézclalo y déjalo que macere una hora, y luego pásalo todo a la sandía vaciada y sirve.

Ingredientes

1 kg de chirimoyas maduras • 50 g de azúcar y agua (jarabe) • 2 limones • 1 rama de canela • menta • grosellas

- Diabetes
- Estreñimiento
- Hipertensión arterial
- Insuficiencia renal
- Obesidad
- Osteoporosis
- Colesterol

Plato recomendado para el consumo de personas con problemas de colesterol, personas hipertensas y personas con problemas renales.
Deben consumirlo de forma esporádica personas obesas y diabéticas.

ELABORACION

Mezcla el azúcar con el agua en caliente y la canela hasta tener un jarabe un poco espeso. Deja enfriar. Mientras tanto, pela las chirimoyas y córtalas. En un bol mezcla la pulpa de las chirimoyas, el zumo y las ralladuras de los limones. Bátelo todo bien con ayuda de una batidora hasta obtener una pasta espesa. Una vez frío el jarabe, añádeselo al bol mezclándolo todo bien. Pásalo todo por el chino para retirar las pepitas. Ponlo en moldes y mete éstos en el congelador durante 20 minutos. Puedes decorarlos con hojas de menta y ramitas de grosellas.

POR PERSONA

Calorías totales: 581 kcal
Proteínas: 2,5 g (2%)
Hidratos de carbono: 145,9 g (97%)
Grasas totales: 0,5 g (1%)
    Saturada: 0%
    Monoinsaturada: 1%
    Poliinsaturada: 0%
Colesterol: 0 mg
Fibra alimentaria: 2,5 g
Calcio: 88 mg
Hierro: 1,8 mg
Potasio: 20,3 mg
Sodio: 0,4 mg

PERFILES

DIABETES

▪

ESTREÑIMIENTO

▪

HIPERTENSION

▪

INSUFICIENCIA RENAL

▪

OBESIDAD

▪

OSTEOPOROSIS

▪

COLESTEROL

DIABETES

Recetas indicadas para personas diabéticas

Postres

Sopas

Verduras

ESTREÑIMIENTO

Recetas recomendadas para personas con problemas de estreñimiento

Postres

Sopas

Verduras

HIPERTENSION ARTERIAL

Recetas recomendables para las personas hipertensas

Arroces

Carnes y Aves

Ensaladas

Legumbres

Pastas

Patatas

Pescados y mariscos

Postres

Sopas

Verduras

INSUFICIENCIA RENAL

Recetas recomendables para personas con problemas de insuficiencia renal

Postres

Sopas

Verduras

OBESIDAD

Recetas recomendadas para personas con sobrepeso o tendencia a la obesidad

Pescados y mariscos

Postres

Sopas

Verduras

OSTEOPOROSIS

Recetas indicadas para los que sufren osteoporosis

Postres

Sopas

Verduras

COLESTEROL

Recetas recomendadas para las personas que tengan problemas de colesterol y triglicéridos

Postres

Sopas

Verduras

INDICE POR TEMAS

Ensaladas

Verduras y hortalizas

Patatas

Arroces

Pastas

Legumbres

Sopas y cremas

Carnes y aves

Pescados y mariscos

Postres